죄의 올바른 이해

올바른 신앙과 삶의 비결

A Right Conception of Sin by Richard S. Taylor Copyright ⓒ 1945, 1973
Published by Beacon Hill Press of Kansas City, A division of The Foundry Publishing
Kansas City, Missouri, 64108 USA.

This edition is published by arrangement of The Foundry Publishing.
All rights reserved.

This Korean translation edition Copyright ⓒ 2022 by Wesley Renaissance Publishing Co., Bucheon, Republic of Korea.

이 한국어판의 저작권은 미국 The Foundry Publishing과 독점 계약한 웨슬리 르네상스에 있습니다. 저작권법에 의하여 한국 내에서 보호받는 저작물이므로 무단 전재와 무단 복제를 금합니다.

A Right Conception of Sin:
Its Relation to Right Thinking and Right Living

죄의 올바른 이해

올바른 신앙과 삶의 비결

리처스 S. 테일러 지음　|　장기영 옮김

웨슬리 르네상스

역자 서문

현재 한국 개신교는 세속화와 부정부패, 성범죄, 분열과 세습, 정치집단화, 이단 소식이 끊이지 않으며 심각한 타락의 모습을 보이고 있습니다. 낮은 영성과 도덕성이 복음의 신빙성과 사회적 유용성을 훼손해 사람들이 개신교 존립의 이유를 의심하는 정도에 이르렀습니다. 대다수 한국 개신교인의 신앙 양태에 대해 개혁주의 학자 김세윤 박사는 '구원파적 복음'에 빠져있다고 평가하고, 김영한 박사는 '죄인의 칭의가 아닌 죄의 칭의'를 말하는 오류에 빠졌음을 지적하며, 침례교 학자 신광은 박사는 죄인의 구미에 맞게 신학이론을 뒤섞어 성화를 제거한 값싼 구원론에 빠져 있다고 분석합니다.

이 책의 저자 리처드 테일러 박사는 이러한 '죄 짓는 기독교'를 초래한 것이 '올바른 죄 이해'와 '성경적 성결 신학'의 부재임을 간파해, 죄의 치명성을 감추고 신자가 거룩해야 할 필요성을 제거하는 잘못된 신학을 바로잡습니다. 웨슬리(안) 신학은 한국 개신교가 균형을 잃은 요소인 하나님의 은혜와 신자의 책임, 구원과 거룩한 삶, 개인의 성결과 사회적 성결, 칭의와 성화 등 지극히 중요한 성경적 진리를 균형 있게 제시해, 한국 개신교의 낮은 영성과 도덕성 문제 해결을 도울 소중한 영적 유산입니다. 그 정수를 탁월하게 담아낸 이 책을 통해 한국 개신교가 큰 유익을 얻게 되기를 소망합니다.

2022년 7월
장기영 박사

추천의 글

이 책의 저자는 그리스도 안에서 구원을 추구하는 사람이 겪는 심각한 문제들과 끊임없이 마주치는 젊은 전도자로서, 일찍부터 복음전도를 가로막는 오늘날 신자들의 일부 잘못된 생각에 관해 간략하고 쉽게 설명해야 할 필요를 느꼈습니다. 그중 매우 심각해서 저자가 특히 관심을 갖는 문제는 율법폐기론이라는 잘못된 생각입니다. 율법폐기론이라는 이름 자체가 의미하듯, 이 오류는 율법과 복음의 관계를 잘못 이해하는 것과 관계가 있습니다. 율법폐기론자들은 율법의 행위가 구원의 근거가 됨을 부인하려다 너무나 자주 올바른 행위의 기준으로서의 율법의 필요성마저 부인한 결과, 얄팍한 지성주의에 빠지고 말았습니다. 이 잘못은 예부터 있었으나, 각 시대마다 새로운 형태를 취해 왔습니다. 그러나 표현방식이 달라졌다 해서 그 파괴적 영향력이 줄어든 것은 아닙니다. 초기 기독교는 율법폐기론을 정죄했습니다. 이후 웨슬리 시대에 부활했으나, 웨슬리와 그의 동역자들이 다시 이를 정죄했습니다. 플레처의 『율법폐기론 경계』(Checks to Antinomianism) 시리즈는 이 주제에 대해 영원히 남을 만한 기념비적인 작품입니다. 이 책의 영향력은 이후 성결운동에서 다시금 확인되었고, 위대한 학자이자 영성의 대가인 다니엘 스틸(Daniel Steele) 박사 역시 율법폐기론에 대항해 『다시 찾아온 율법폐기론』(Antinomianism Revived)이라는 책을 집필해 교회에 안겨 주었습니다. 만약 이 잘못된 기독교 교리가 단지 사변적 관심의 문제라면, 교회의 연합과 일치를 위해 무시하고 넘어갈 수도 있을 것입니다. 그러나 그렇지 않다는 것이 문제입니다. 이 교리는 참된 기독교 신앙을 철저히 파괴합니다. 모든 참되고 깊이 있는 신앙적 경험에 해를 끼치며, 영적 갱신이나 마음과 성품의 온전한 성화가 결코 이루어지지 못하도록 방해합니다.

저자 리처드 테일러 박사는 이 책에서, 위에서 언급한 기독교 고전들을 통해 깨달은 진리를 대중이 잘 이해할 수 있도록 새롭게 설명합니다. 그럼에도 이 책은 그 자신의 고유한 작품입니다. 그는 이 교묘한 이단과 싸워야 할 필요를 느꼈고, 자신이 선포하려는 내용을 이 책에 담았습니다. 그의 접근 방법은 이론적일 뿐 아니라 실천적입니다. 그는 이론적이든 실천적이든 율법폐기론이라는 교묘한 주장을 반박하는 책임을 자신의 책을 읽는 독자들에게도 함께 지우고 있습니다. 그의 목표는 참된 성경적 사상을 지켜내 활력 있는 그리스도인의 경험을 보존하려는 것입니다. 우리는 이 책을 뿌리 깊은 경건을 보존하는 일에 관심을 가지고 있는 모든 사람에게 추천하며, 이 책이 저자가 의도한 사명을 온전히 이룰 수 있기를 기도합니다.

오튼 와일리(H. Orton Wiley)

차례

서문　9

1장 죄와 신학　11

2장 죄와 칼빈주의　15

3장 근본적인 오류　27

4장 속죄와 인간의 본성 (1)　41

5장 속죄와 인간의 본성 (2)　57

6장 속죄와 죄 짓는 기독교　73

7장 무엇이 죄가 되는 행위인가　91

8장 중생 이후에 지은 죄의 결과　107

9장 속죄와 새 언약　135

10장 속죄와 타고난 죄　159

결론　193

서문

나는 이 책에서 다루는 문제들이 많은 종교적인 사람들의 생각과 마음에 끔찍할 정도로 실제적이고 개인적으로 작용하고 있다고 믿기 때문에 이 책을 집필했다. 그런 사람들은 정신적 휴식이나 유희가 아닌 진리를 추구하고, 그것을 얻기 위해 기꺼이 지성을 훈련하고자 한다. 그들은 반드시 제대로 알고 이해해야 한다. 내가 이 책을 쓴 것은 바로 이런 이들을 위해서다. 아무쪼록 나는 그들이 이 책을 읽고 깊이 생각함으로, 진리에서 어둡게 되는 것이 아니라 빛을 얻어 죄라는 중요한 문제에 대해 혼동 없는 분명한 생각을 갖게 되기를 간절히 바란다.

이 문제 자체로 골치를 앓지는 않지만, 인간의 구원이라는 지극히 중요한 문제에 대해 비록 평이하고 꾸밈없는 표현을 사용하더라도 논쟁적이면서 매우 성경적인 논의를 하는 일에 관심이 있는 다른 부류의 사람들이 있다. 나는 설교자, 교사, 청년 지도자로 구성된 이 그룹에게, 만약 그들이 이 책을 끝까지 읽되 각 장을 주의 깊게 기도하는 마음으로 읽는다면, 반드시 오류와 싸워 이길 무기와 다른 사람들이 성경적 진리 안에서 서도록 도울 지팡이를 갖게 될 것이라고 감히 말할 수 있다.

물론 이 작은 책에 모든 것을 다 담을 수는 없다. 이런 간략한 책이 칼빈주의 체계의 다양한 지류에 있는 모든 사상을 다루거나 바르게 해석하는 것, 또는 내 책을 읽는 아르미니우스주의 독자들의 생각 속에 있는 모든 질문에 답하고 모든 문제를 해결하는 것은 불가능하다. 나는 이 책을 읽는 칼빈주의자들이 이 책에서 발견하게 될 모든 공격과 비난은 사람이 아니라 단지 교리에 관한 것이며, 자신들이 적이 아닌 사랑으로 가득한 마음으로 이 글이 깨달음과 구원에 도움이 되기를 기도하는 그리스도인 형제의 글을 읽고 있다는 사실을 알기를 바란다.

리처드 테일러(Richard S. Taylor)

1장 죄와 신학

> "이러므로 하나님의 자녀들과 마귀의 자녀들이 드러나나니 무릇 의를 행하지 아니하는 자나 또는 그 형제를 사랑하지 아니하는 자는 하나님께 속하지 아니하니라."
>
> - 요한1서 3장 10절

기독교 신학 체계 중 하나로서 죄의 교리는 다른 모든 교리의 공통분모다. 최근 이런 내용을 한 여자 청년에게 말했더니 그녀는 잠시 망설이다 "'공통분모'라는 것이 무엇을 말하는 건가요?"라고 물었다. 나는 죄의 문제는 하나님의 본성 및 구원의 계획과 기본적으로 연결되어 있기 때문에, 죄의 교리는 모든 다른 교리가 최소한의 의미를 지니도록 하는 토대가 된다는 뜻이라고 설명해 주었다. 나아가 죄의 교리는 그 외의 교리들이 얼마나 정확히 제시되고 있는지를 파악하게 하는 가장 확실하고 논리적인 잣대라 할 수 있다.

죄와 연관된 교리들은 우리가 세워 나가는 신학 체계 전반의 중심이 된다. 이 말은 전 세계 기독교에 해당할 뿐 아니라, 사람이 하나님에 대해 생각할 때마다 한결같이 적용될 수 있다. 악이 존재하며 그 결과로 불행, 고통, 죽음이 생겨났다는 것이 모든 종교의 주된 관심사라는 것은 분명하지 않은가? 어떤 사람들은 죄가 존재한다는 사실 자체를 부정함으로 문제를 해결하려 하기도 하지만, 세상의 모든 종교는 사람이 악의 문제를 해결함으로 신, 세상, 자기 자신과의 문제를 해결하려는 시도라는 주장은 여전히 옳다. 만약 그리스도인으로서 우리의 죄의 개념이 잘못되면, 기독교의 모든 상부 구조는 하나의 잘못 위에 또 다른 잘못을 쌓은 것이 되고, 이후의 잘못은 이전 잘못보다 더 터무니없는 것이 된 나머지, 그 잘못된 체계 전체가 일관성을 지니게 하려면 각각의 오류를 모두 빠짐없이 필요로 하게 될 것이다. 우리가 올바른 결론에 도달하려면 바르게 시작해야 하고, 바르게 시작하려면 반드시 교리적으로 중요한 죄의 문제와 씨름해, 죄와 관련된 모든 면에서 성경적 진리를 올바로 이해해야 한다. 우리는 죄가 무엇이며, 죄에는 어떤 종류가 있으며, 사람과 관련해 죄가 어떻게 작용하고 영향을 끼치는지, 또 죄를 어떻게 다루어야 하며, 하나님께서 죄 문제를 해결하기 위해 어떤 도움을 주시는지 알아야 한다. 우리가 이 모두를 성경적 관점에서 진지하게 이해하게 될 때, 우리는 우리의 결론이 올바른 전제에 기초해 있음을 알기에 확신을 가지고 우리의 신학 체계를 세워 나가게 된다.

기독교 신학에서 불쑥불쑥 튀어나오는 오류들은 그 근원을 추적해 보면 결국 잘못된 죄의 개념에서 비롯된 경우가 대부분이다. 죄의 개념이 잘못되어 있으면, 그 추론 과정 전체는 잘못된 방향으로 나아간다. 밤에 항공기를 조종해 험준한 산악지역을 날아가는 비행사들은 경로를 조금만 이탈해도 위험하다는 사실을 잘 안다. 약간의 이탈은 곧 큰 이탈이 되기 때문이다. 그 비행은 재앙으로 끝날 수도 있다. 어떤 신학자의 죄의 개념은 겉으로 보기에 아무 문제가 없을 정도로 아주 조금 잘못되어 있을 수 있다. 그렇지만 그 작은 오류도 그의 생각의 과정 전체에 분명한 탈선을 일으키기에 충분하다. 그의 신학 체계가 발전할수록 그는 인간의 상상의 날개를 타고 점점 더 진리에서 멀리 이탈하게 될 것이다. 이 점은 어떤 종교의 체계든 사상가들에게 어느 정도 수용될 수 있으려면 적어도 그 주장에 일관성이 있어야 한다는 사실을 기억할 때 더 쉽게 이해할 수 있다. 하나의 오류는 다른 오류를 낳는데, 이 과정은 '무한정' 반복된다. 잘못된 전제에서 추론하는 것은 계속적으로 잘못된 결론을 내리는 과정의 시작이다. 그래서 올바른 죄 이해를 갖지 못한 사람은 다른 모든 근본적인 질문에 대해 올바른 견해를 갖지 못할 가능성이 높다. 이 점은 특히 속죄 교리와 하나님께서 사람을 구원하시는 방법을 이해할 때 분명하게 나타난다.

잘못된 교리의 체계로 세워진 건물을 잠시 상상해 보라. 한 신학자가 하나의 사상 또는 교리를 생각해 냈다고 해보자. 그는 그것을 집요하게 주장하고, 심지어 진리보다 더 사랑할지도 모른다. 그것은 자기 머리로 만들어 낸 자식과도 같은 것이기 때문이다. 그는 곧 자신이 '발명한 교리'(brain child)가 이미 받아들여져 확립되어 온 정통 교리와 일치하지 않는다는 것을 발견한다. 그러자 그는 의심의 눈초리로 자신의 이론을 주의 깊게 검토해 문제가 무엇인지 찾아내려 노력하기보다, 자신의 주장과 일치하는 다른 연결된 교리들을 만들어 나간다. 그는 기독교 신앙의 모든 교리는 그 이외의 교리에 직접적으로 영향을 끼치고, 각 교리가 서로 매우 밀접하게 맞물려 있기에, 그 각각이 함께 모여 하나의 통일되고 일관된 체계를 이룬다는 사실을 알고 있다. 그리고 그중 하나를 함부로 변경할 경우 전체 구조가 망가진다는 사실을 안다. 따라서 자신의 생각을 정당화하고 계속 주장하기 위해서는 반드시 신학의 전체 체계를 재조정하고 변경해야 할 필요가 생긴다는 것도 안다. 그는 그 체계의 중심인 잘못된 죄의 개념에서 시작해 그 작업을 점차 신학 체계 전반으로 확대함으로, 결국 자신의 치명적인 거짓으로 모든 교리를 왜곡하게 될 것이다. 다른 한편, 그는 주변적인 것에서 시작해 내부로 들어가다 결국에는 자신의 나머지 이단적 생각과 들어맞는 새로운 죄의 개념을 채택할 수밖에 없는 지경에 이를 수도 있다. 그가 죄에서 시작해 다른 문제로 나아가든 아니면 다른 문제에서 시작하든, 죄와 관련된 교리가 그가 만든 체계의 중심이 된다. 죄에 관한 교리가 다른 교리들에 논리적 일관성을 제공한다. 밀러(H. V. Miller)는 『죄의 문제』(*The Sin Problem*)에서 "문제의 중심은 죄의 문제다. 죄가 얼마나 중대한 문제인지를 모호하게 가르치거나 선포하는 것은 그리스도의 십자가의 원수로 행하는 것이다"라고 말한다. 죄에 대해 올바르게 주장하는 것은 본질적 진리에서 멀리 빗나갈 수 없게 한다.

2장 죄와 칼빈주의

"논쟁은 그 자체가 바람직하지는 않으나 바르게 사용되었을 때는 의기양양한 오류의 채찍질 아래 신음하던 진리를 수없이 구해 냈다."

- 존 플레처(John Fletcher)

나는 죄라는 지극히 중요한 주제와 밀접한 관계가 있는 잘 알려진 교리 체계를 주의 깊게 살펴보고자 한다. 이 체계는 일반적으로 칼빈주의라는 말로 불린다. 나는 칼빈주의 신학 체계를 점검함에서 과도하게 논쟁적인 태도를 취하거나 그 교리를 충실하게 따르는 사람들에 대해 비판적인 발언을 하려는 생각이 전혀 없다. 그럼에도 성경의 빛 가운데서 진실하게 분석하면 진지한 칼빈주의자들과 충분한 지식이 없는 아르미니우스주의자들 모두에 대해 매우 놀라운 사실을 알 수 있게 되리라 믿는다.

우리는 칼빈주의 예정론에서 시작해 거기서 비롯되는 네 개의 연속적인 핵심 주장을 살펴볼 것이다. 칼빈의 예정론은 간단히 말해, 하나님은 오직 자신의 바람과 결정에 따라 누가 구원받고 누가 멸망받는지 정확한 숫자를 미리 확정해 놓았다는 주장이다. 칼빈주의자들은 칼빈주의 예정론에 관한 최고의 권위 있는 진술을 웨스트민스터 신앙고백(The Westminster Confession)으로 생각한다. 그 내용(제3조 3, 4항)을 인용하면 다음과 같다.

"하나님의 작정에 의해, 그분의 영광을 나타내기 위해, 인간과 천사의 일부는 영원한 생명으로, 나머지는 영원한 죽음으로 예정되었다. 예정되고 미리 운명이 정해진 이들 천사와 인간들은 개별적이고 변경 불가능하도록 계획되어 있고, 그들의 숫자는 확실하고도 확정적이어서 증가하거나 감소할 수 없다."

칼빈주의 신학자는 이 예정론을 뒷받침하기 위해 하나님의 전능하심과 전지하심을 말한다. 그러나 이 주장이 우리에게 어떤 결과를 초래하는가? 논리의 과정을 추적하면서 확인해 보자. 이 주장은 모든 방면으로 확장되어 진리의 모든 요소(무엇보다 속죄 교리)에 영향을 미치므로, 칼빈의 예정론의 결과를 모두 살펴볼 수는 없다. 그러나 우리는 가장 간결한 방식으로 문제의 핵심을 추적해 그것이 죄의 문제와 어떻게 관련되는지 살펴볼 것이다.

우선 칼빈주의 신학자는 예정론을 주장할 여지를 만들기 위해서는 도덕적 행위자로서의 인간 또는 그 의지의 자유에 관해 자신의 생각을 새롭게 정립해야 한다는 사실을 알았다. 이 새로운 정립의 결과는, 개개인을 자신의 궁극적 구원에 대한 개인적 책임에서 벗어나게 하고, 모든 책임을 하나님께 지우는 것이었다. 웨스트민스터 신앙고백에서 다시 인용하면, 하나님께서는 "신앙이나 선행, 또는 그중 하나에서 인내하는 것, 그리고 그 외 피조물의 어떤 것에 대한 예견도 결코 자신을 움직이는 조건이나 원인이 되게 하지 않은 채" 오직 독단적인 결정만으로 개인을 구원하신다. 이러한 무조건적 구원의 계획에 칼빈주의 신학자는 '은혜'라는 이름을 붙이고는, 우리는 우리 편에서의 어떤 노력이나 조건도 없이 오직 은혜로만 구원받는다고 선포한다. 우리는 우리 자신의 개인적이고 독립적인 선택으로는 그것에 저항할 어떤 능력도 없다. 매킨토시(Mackintosh)는 『기독교와 죄』(Christianity and Sin)에서 예정의 교리는 "그 외 어떤 것도 저항할 수 없는 절대적 은혜를 의미한다"고 주장한다.

이러한 주장은 당연하고도 불가피하게 다음 단계의 주장, 곧 사람이 한 번 중생하고 나면 다시는 구원을 빼앗기거나 잃어버릴 수 없다는 주장으로 나아가게 한다. 만약 우리가 오직 은혜로만 구원받고, 우리가 행하는 어떤 것도 구원의 결정에 아무런 영향을 주지 못한다면, 구원받은 이후 우리가 행하는 것 역시 결코 우리의 신분을 바꿀 수 없기 때문이다. 또 우리가 하나님의 변경 불가능하고 무조건적인 작정에 의해 구원받기로 예정되었다면, 하나님께서 우리가 살아가는 동안 생각을 바꾸어 구원받은 사람의 신분에서 멸망하는 자의 신분으로 미끄러지도록 허용하는 일은 생각할 수 없을 것이기 때문이다.

이제 칼빈주의 신학자는 심각한 어려움에 직면한다. 즉, 어떻게 "한 번 은혜 안에 들어오면 언제나 은혜 안에 머문다"는 자신의 주장을, 의와 거룩함의 필요성에 대한 성경의 기준과 조화시킬 수 있겠는가? 그는 과거에 회심했던 많은 사람이 이후에 다시 타락해 중대한 죄에 빠진 사실을 안다. 그렇다면 어떻게 그들이 죄를 지음에도 하나님 나라의 백성이라고 논리적으로 주장할 수 있을까? 어떤 방법으로 죄가 그리스도인을 하나님에게서 분리하지 않는다고 주장하면서, 동시에 노골적인 율법폐기론을 주장했다는 오점을 남기지 않을 수 있을까? 그는 속죄 이론 중 '만족설'(satisfaction theory)에서 '그리스도의 의의 전가'(Imputed Righteousness) 교리를 끌어와 문제를 해결하려 한다. 그리스도의 의의 전가 교리란, 그리스도께서 자신의 의를 우리에게 전가해 그분의 의가 우리의 것으로 여겨지게 함으로, 마치 우리가 완벽하게 순종하고 완벽하게 의로운 것처럼 여겨지게 하셨다는 주장이다. 그렇게 여겨지는 것 또는 '신용장 양도'(transfer of credit)는 우리 개인이 실제로 의로워지는 것보다 시간적으로 앞선다. 그리스도의 의는 그분 자신과 우리 모두를 위해 충분하다. 우리가 그리스도께서 십자가에서 행하신 사역을 받아들이고, 믿음으로 그의 의로움 뒤에 숨기만 하면, 우리 개인의 죄나 의로움은 아무런 상관이 없다. 우리 마음의 실제 상태가 깨끗하지 못하더라도 하나님은 우리를 보시지 않는다. 하나님은 그리스도를 보시고 우리에게 그분의 의를 전가시키신다. 혹 신자가 죄를 짓더라도 그는 영원한 형벌을 받지 않는다. 그의 죄책이 그리스도께 옮겨지고, 그리스도의 의가 그에게 옮겨졌기 때문이다. 한 여인은 그것을 매우 진지하게 다음과 같이 표현했다. "우리는 우리 자신을 죄에 대해 죽은 것으로 '여겨야' 합니다. 물론 죄는 여전히 우리에게 있고 우리는 그것을 결코 제거할 수 없습니다. 그렇더라도 우리는 그리스도께서 우리를 위해 완성하신 사역 때문에, 우리가 죄에 대해 죽었다고 여겨야 합니다."

여기서 우리는 칼빈주의 체계를 형성하는 직사각형의 틀을 본다. 또 이 체계의 한 모서리가 어떻게 다른 모서리를 필요로 하는지도 알 수 있다.

(1) 첫째로 그들은 예정 교리를 주장한다.

(2) 다음으로는 이 예정 교리를 뒷받침하기 위해 인간의 자유의지를 부인하고, 하나님의 주권적 은혜를 특별한 방식으로 해석한다.

(3) 이 두 가지 주장의 자연적 결과는, 사람이 한 번 구원받으면 결코 구원을 상실하지 않는다는 것이다.

(4) 이 세 주장이 모순되지 않게 하기 위해 반드시 추가해야 하는 네 번째 주장이 그리스도의 의의 전가 교리다.

만약 그리스도의 의의 전가가 없다면 그들이 어떻게 '구원받은 죄인들'이 천국에 간다고 할 수 있겠는가? 과거에 한 번 구원받은 사람이라도 이후 공개적으로 끔찍한 죄를 짓고서 다시는 회개하지 않을 수도 있다는 사실 지체는 부인하기 힘들다. 그러나 "한 번 은혜를 받으면 언제나 은혜 안에 머문다"는 교리를 주장하기 위해서는 그런 끔찍한 죄인들조차도 천국으로 보내야 한다. 그리고 칼빈주의의 은혜 해석과 예정론을 정당화하려면 이 마지막의 무조건적이고 이미 정해진 견인에 대한 주장이 필요할 수밖에 없다. 그러므로 이 네 가지 주장 중 하나는 다른 세 가지를 반드시 필요로 한다는 것을 알 수 있다. 다른 세 가지 없이 하나만 주장할 수는 없다. 그중 하나를 없애면 다른 세 가지는 모두 무너질 것이다.

그러나 칼빈주의 교리들 중 일부는 반대하면서도 다른 것들은 믿는 칼빈주의자들은 꽤 많이 있다. 예를 들어, 그들은 자신이 제한 속죄론(limited atonement)과 비택자들의 멸망이 이미 결정되어 있다고 주장하는 하이퍼 칼빈주의를 떠난 것에 대해 자랑스러워한다. 그러면서 "우리는 이제 복음이 '모든 믿는' 사람을 위한 것임을 압니다"라고 말한다. 더 나아가 그들은 죄인들에게 회개 곧 행동을 취하라고 말함으로 하나님뿐 아니라 사람에게도 책임이 있는 것처럼 설교한다. 따라서 그들은 단번에 칼빈주의의 토대를 허물고, 인간의 자유의지와 무제한적 속죄라는 훌륭한 아르미니우스주의 교리 두 가지를 명백히 고백한다. 그럼에도 그들은 또다시 주장을 바꾸어 그리스도 안에서의 어린아이들에게 그들의 구원은 영원히 보장되었으며 어떤 조건에서도 결코 상실되지 않는다고 가르친다. 그런 방식으로 그들은 칼빈주의의 토대는 제거하면서도 '그리스도의 의의 전가'와 '영원한 구원 보장'이라는 그 상부구조로 달려가 순전히 용기만 가지고서 그것을 주장한다. 신학적 논리로는 결코 그것을 주장할 수 없다. 왜냐하면 '그리스도의 의의 전가'와 '영원한 구원 보장'이 의미하는 모든 것은, 그 구조의 대들보를 견고하고도 분리할 수 없도록 하이퍼 칼빈주의라는 토대에 고정시켰기 때문이다. 조금만 주의 깊게 생각해 보면 '영원한 구원 보장'은 '신단동설'(monergism) 또는 하나님의 절대 주권과 불가항력적 은혜를 의미하고, '그리스도의 전가된 의'는 속죄론 중 '만족설' 또는 '형벌대속설'을 의미함을 알 수 있다. 이 둘 모두는 제한 속죄와 예정, 그리고 무조건적 선택과 무조건적 유기를 반드시 필요로 한다. 속죄에서 칼빈주의식 '만족설'을 포기하지 않으면 구원이 참으로 모든 사람을 위한 것임을 이성적으로 믿는 것은 불가능하다. 그리고 그것은 칼빈주의자들이 가장 소중히 여기는 '영원한 구원 보장' 교리를 포함해 모든 칼빈주의 교리의 토대가 전적으로 파괴됨을 의미한다. 이 토대 없이 칼빈주의 교리를 세우려는 시도는 그 어떤 것이든 십 층 건물을 아래의 다섯 층 없이 맨 위의 다섯 층만 지으려 시도하는 것과 다를 바 없다. 그런 점에서 오래된 하이퍼 칼빈주의는 더 온건하고 현대적인 형태의 칼빈주의보다 더 일관성이 있다.

죄인에게 회개와 회개에 합당한 열매를 맺을 것을 촉구하면서 그가 자신의 구원에 부분적 책임이 있는 것처럼 말해 놓고, 그다음에는 한 번 구원받았다면 영원히 구원을 상실하지 않는다고 말한다면 그것이 얼마나 혼란스럽고 자기 모순적인지를 생각해 보라. 그 말은 사람이 회심 이전에는 죄에 대해 책임이 있지만 회심 후에는 아무런 책임이 없다는 말과도 같다. 또 사람이 하나님 나라에 들어갈 능력은 있어도 빠져나올 능력은 없다는 말과도 같다. 그것은 죄인은 자유로운 도덕적 행위자임에 반해 그리스도인은 그렇지 않다는 의미가 된다. 이 얼마나 해괴한 주장인가! 만약 죄인이 구원받는 일에 도덕적 책임성을 지닌다면, 구원을 유지하는 일에서도 마찬가지라는 것이 확실하다. 회심이 의지의 자유를 파괴한다거나 유기로 끝날 수도 있다는 징표를 파괴한다는 주장은 터무니없다. 따라서 만약 죄인이 하나님 나라에 들어가기 위해 어떤 역할을 해야 한다면 마찬가지로 하나님 나라에서 빠져나가는 일에서도 어떤 역할을 할 수 있을 것이지만, 만약 그가 하나님 나라에서 빠져나가는 일에서 아무런 역할을 할 수 없다면 마찬가지로 거기에 들어가기 위해서도 아무런 역할을 할 수 없다고 하는 것이 사리에 맞다. 만약 후자가 사실이라면 무슨 이유로 죄인에게 경고하고 권고하며 설교할 필요가 있겠는가? 만약 구원이 어느 시점에서 주어지는 무조건적 은혜와 하나님의 주권으로만 이루어진다면, 그것은 구원이 언제나 전적으로 은혜와 주권에 의한 것임을 의미한다. 그리고 만약 어떤 의미로든 사람이 자신의 구원에 대해 책임이 있다고 한다면, 그것은 그가 구원의 과정 전체에서 그 책임이 있음을 의미한다. 따라서 일관성 있는 주장을 하려면 칼빈주의의 직사각형 전체를 받아들이거나, 전체를 거부해야 한다.

캐리(Carey)라는 열정적인 청년이 신자는 믿지 않는 사람들을 구원할 책임이 있지 않느냐며 도전적인 질문을 던졌을 때 청년부 사역자의 칼빈주의적 답변은 훨씬 더 논리적이었다. 그는 "젊은이, 자리에 도로 앉게!"라고 소리쳤다. 그리고 "자네는 열광주의(광신주의)에 빠져 있군. 하나님께서 불신자를 회심시키기 원하신다면, 자네와 나에게 묻지 않고 그렇게 하실 것이네"라고 말했다. 이것이 있는 그대로의 칼빈주의다. 물론 이것이 현대 칼빈주의의 전도와 선교에 대한 태도를 있는 그대로 보여 준다고 할 수는 없지만, 적어도 그들의 기본적 교리 체계에 더 철저히 부합한다.

그러나 이러한 신학 체계는 죄와 연관된 교리에 어떤 방식으로 영향을 끼치는가? 이는 죄에 관한 교리의 토대를 철저히 바꾸어 놓는다. 그 각각의 전제를 면밀히 점검해 보면 우리는 결국 칼빈주의 체계는 다음을 의미함을 발견하게 된다.

1. 그리스도의 속죄는 이 세상 삶에서 우리를 죄의 결과에서는 구원하지만 죄 자체에서는 구원하지 않는다.

2. 그리스도의 속죄는 그리스도인이 죄를 짓지 않도록 그 본성을 변화시키기보다, 죄를 짓는 것이 그리스도인의 구원에 문제가 되지 않도록 죄의 성격을 바꾸어 놓는다.

이 마지막 진술에 내포된 차이는 엄청나다. 그 참된 의미는, 칼빈주의 교리와 일치하는 삶을 사는 칼빈주의자들은 '자신을 죄에 대하여 죽은 자로 여긴다'(참고. 롬 6:11)고 말할 수 없다는 것이다. 그런 표현은 칼빈주의 교리에 내포된 그들의 입장을 바르게 진술하고 있지 않기 때문이다. 오히려 그들은 죄가 자신에 대하여 죽은 것으로 여긴다고 말할 수밖에 없다. 즉, 죄가 권세를 빼앗겨 더는 자신을 저주하거나 하나님에게서 분리시키지 않는다는 것이다. 그들이 죄의 지배에서 구원받았다고 말하는 것은, 비록 죄가 여전히 존재하고 활동하지만, 단지 어떤 힘만 잃었다는 의미다. 즉, 죄는 사람을 영원한 저주에 처하게 하는 능력을 잃었다. 이 말은, 죄는 회심하지 않은 죄인은 저주에 처하게 하지만 그리스도인은 지옥에 보낼 수 없다는 뜻이 아닌가? 칼빈주의자들은 죄인이 버림받는 것은 죄가 아닌 불신앙 때문이며, 그리스도인이 구원받는 것은 자신 스스로의 의가 아닌 그리스도를 믿는 신앙 때문이라고 답할 것이다. 그것이 사실이라 해도 결과는 동일하다. 즉, 사람이 갈보리 언덕의 그리스도를 바라보고 영접하면 그 순간 죄는 치명적인 독성을 상실한다는 것이다. 그리스도인은 여전히 죄가 많으며, 이후에 다시 공공연히 죄를 범하는 사람으로 되돌아갈지도 모른다. 그런 일은 딱하고, 당연히 경계해야 할 일이다. 그러나 그것이 더는 죽음을 초래하지 않는다. 그리스도인은 죄에서 구원받지 않았고, 그 본성도 완전한 씻음에 의해 근본적으로 변화되지 않았다. 그럼에도 죄는 성격이 바뀌어 더는 치명적이지 않다.

달리 말해, 죄인은 죄를 지으면 영원히 저주를 받는다. 그러나 한 번 회심한 그리스도인은 그 후 같은 죄를 짓더라도 오직 하늘 본향으로만 가게 될 뿐이다! 나는 그리스도인이 계속 죄를 지으면 하나님은 결국 그를 하늘로 데려가실 수밖에 없다고 말한 유명한 성경 주석가를 실제로 알고 있다. 그렇게 가르치는 사람은 자신의 입장에 따라 요한복음 15:2의 "무릇 내게 붙어 있어 열매를 맺지 아니하는 가지는 아버지께서 그것을 제거해 버리시고"와 같은 성경구절 내용을 회피하면서 칼빈주의 교리를 계속 고수할 수밖에 없다. 우리가 만약 그런 주장을 받아들인다면, 그것은 논리적으로 천국을 열망해 정해진 시간보다 먼저 그곳에 가기를 원하는 가련한 그리스도인은, 고의로 깊은 죄에 빠져 하나님께서 자신을 이 세상에서 더는 사용하실 수 없도록 만들면 된다는 의미가 된다. 이 무슨 말도 안 되는 주장인가!

사실 이같이 터무니없는 극단적인 주장은 더 영적인 칼빈주의자들은 결코 동의할 수 없는 것이다. 그럼에도 그들의 교리 체계는 죄 짓는 그리스도인이라도 여전히 참된 하나님의 자녀일 수밖에 없음을 말하고 있다. 한 젊은 사역자는 내 친구 교회의 강단에서 회중에게 자신이 과거 타락해 깊은 죄에 빠진 적이 있는데, 얼마나 깊이 빠졌던지 멕시코의 티아 후아나(Tia Juana)를 찾아가 방탕한 죄의 소굴에서 거의 모든 죄를 저질렀다고 고백했다. 그런 다음 "그러나 그 모든 순간에도 내가 하나님의 자녀였다는 사실에 하나님께 감사합니다"라고 말했다. 또 다른 한 젊은이는 한 미국 남부 도시에 있는 대형 교회의 지휘자였다. 추측하건대 교회 담임목사의 폭력으로 신체적 상해를 입게 되자 그는 화가 나 그 자리를 그만두고 깊은 죄에 빠졌다. 만약 그 상태로 죽었다면 자신이 구원받을 수 있었을 것으로 생각하는지 묻자 그는, "네. 물론입니다. 나는 내가 하나님의 자녀임을 증거하는 성령의 복된 증거를 한번도 느끼지 않은 순간이 없었습니다"라고 답했다. "네"라니, 이 얼마나 잘못된 말인가! 모든 것을 아시고 언제나 우리에게 신실하신 하나님을 생각한다면 이 얼마나 그분을 모독하는 말인가! 그러나 이것이 바로 칼빈주의 교리를 실제 신자의 삶에 적용한 결과다. 여기서 우리는 이론이 실제의 삶으로 옮겨진 결과를 본다. 만약 칼빈주의 교리가 옳다면, 이 젊은 사역자와 지휘자가 말한 것이 얼마나 잘못된 것으로 느껴지든 간에, 그들의 주장이 틀린 것은 아니다.

쉽게 말해 예정, 은혜, 견인, 그리스도의 의의 전가를 가르치는 칼빈주의 신학 체계에서는 천국에 들어가는 조건으로서 죄에서의 온전한 구원(참고. 히 12:14, "거룩함을 따르라 이것이 없이는 아무도 주를 보지 못하리라"-역주)이 필요하지 않다.

이것이 죄에 관한 근본적인 이해 및 구원과 직접적으로 연결된 모든 교리에 중대한 영향을 끼치지 않을 것이라고 누가 말할 수 있겠는가? 이는 죄에 대한 올바른 이해인가, 잘못된 이해인가? 만약 잘못된 것이라면, 칼빈주의 신학 체계 전체가 비성경적이라고 할 수밖에 없다.

우리는 자신을 칼빈주의자로 말하는 많은 사람이 칼빈주의 교리와는 다른 삶을 살면서, 죄에 승리하면서 행복하게 살아가고 있음을 설명하는 그들 자신의 고유한 용어가 있음을 기꺼이 인정한다. 그럼에도 대다수 칼빈주의자의 삶은 칼빈주의 교리의 전반적인 영향력으로 인해 거룩함보다 부주의함으로 더 기울어지고 있다. 또 칼빈주의가 의존하고 있는 이러한 죄 이해는 분명히 잘못된 것으로, 그리스도인 삶의 많은 비극적인 잘못의 원천이 되어 왔다. 나아가 참된 성경적 가르침은 칼빈주의의 죄 이해와 반대된 것으로, 타락한 인간을 구원하시는 하나님의 방법을 전적으로 다르게 제시한다. 즉, 하나님께서는 사람의 본성을 충분히 변화시킴으로 모든 죄에서 구원해 내신다.

3장 근본적인 오류

"죄는 치명적이다. 따라서 죄를 파괴하지 않는다면 죄가 우리를 파괴할 것이다. 죄를 근본적으로 치료해 완전히 근절하는 것을 목표로 삼지 않는다면, 그런 해결책은 잘못되었거나 충분하지 않은 것이다."

- 애즈베리 로우리(Asbury Lowrey)

아르미니우스주의자들과 칼빈주의자들은 모두 다음에 동의한다.

(1) 사람은 하나님께서 창조 시 주신 원의(original righteousness)에서 매우 멀어져 있다.

(2) 사람은 하나님에게서 분리되었고 죄로 인해 하나님의 의로운 진노의 대상이다.

(3) 그리스도의 속죄는 이런 상황을 바로잡기 위해 제공된 치료약이다.

그러나 문제는, 그리스도의 속죄가 죄의 성격을 바꾸어 사람이 계속 죄를 지음에도 구원받을 수 있도록 계획된 것인가, 아니면 사람의 본성을 변화시켜 그들을 죄에서 벗어나게 함으로 구원하도록 계획된 것인가 하는 것이다. 우리는 이 문제를 분명히 해야 한다. 이것은 쓸데없는 논의나 "헛된 말"(딤전 1:6), 무관심해도 좋을 문제가 아니다. 우리는 죄와 구원이라는 사람의 영원한 운명이 달려 있는 지극히 중요한 문제를 다루고 있다. 이처럼 중요한 문제를 다루면서 '악의 없는'(innocent) 오류를 핑계 댈 수는 없다. 따라서 우리는 그리스도께서 생명을 바쳐 죽으시기까지 구원하고자 하신 사람들의 영혼이 잘못된 죄의 개념에 속아 죽음에 이르는 일이 생기지 않도록 매우 주의해야 한다.

우리는 칼빈주의자들이 어디서든 그리스도의 속죄가 죄의 성격을 바꾼다는 주장을 교리화하려 한다고 추측하려는 것은 아니다. 그보다 그들은 그리스도의 의가 신자에게 전가된다고 가르친다. 이는 죄의 성격이 바뀌었다거나 죄가 덜 혐오스러운 것이 되었다는 뜻이 아니라, 죄의 책임이 그리스도께로 넘겨졌고, 그의 의로움은 우리의 것이 되었다는 의미다. 이 이론에 따르면, 마치 우리가 더럽고 지저분한 부랑자의 본 모습을 보지 못하고 단지 그가 빌려 입은 아름다운 외투만 볼 수 있는 것처럼, 그리스도의 속죄는 지속적이고 자동적으로 신자의 죄를 덮어 주는 것이 되어, 하나님은 그들의 죄가 아니라 그것을 덮은 그리스도의 의만 보실 수 있다. 칼빈주의자들은 그리스도의 속죄가 죄의 성격을 변화시킨다고 가르치지 않고, 아마도 그런 주장에 반대할 것이다. 우리가 믿고 드러내기 원하는 것은, 그럼에도 칼빈주의 신학 체계는 결국 그런 의미를 내포한다는 것이다. 그들이 그것을 하나의 교리로 가르치든 그렇지 않든 실제로 칼빈주의는, 하나님께서 신자에게서 죄를 제거하고 그들이 죄에서 벗어나게 하시는 방법이 아니라 죄의 성격을 바꾸심으로 그들을 구원하신다는 전제를 내포하고 있다.

우리는 불공정하거나 성급하게 칼빈주의 신학 체계를 단정하려는 것이 아니다. 그럼에도 혹 위와 같이 해석하는 것이 옳은지 풀리지 않는 의문이 남아 있을 수 있기에, 원인과 결과의 법칙에 근거해 사실을 명확히 하는 것이 필요할 것이다.

어떤 원인의 실제적인 결과란, 그 원인에서 필연적으로 기인하는 무엇인가를 말한다. 특정 원인이 예외 없이 특정한 결과를 가져오는 것이다. 태양의 따뜻한 광선이 지구 표현에 닿으면 지구가 밝아지는 것은 필연적이고 변함없는 결과다. 하늘을 가르는 번쩍이는 번개의 결과는 예외 없이 쿵쾅거리며 몰려오는 천둥소리다. 원인인 번개 없이 결과인 천둥소리가 계속되는 것은 불가능하다. 만약 번개도 없이 천둥소리가 계속된다면, 그것은 당연히 번개와 관계없는 어떤 독립적이고 자생적인 무엇일 것이다. 만약 천둥이 번개의 실제적인 결과라면, 천둥은 그 존재를 원인인 번개에 의존하고 있다. 그리고 그 원인이 변함없이 지속되는 한, 천둥이라는 결과는 동일하게 지속될 것이다. 다시 말하지만, 결과는 원인에서 필연적이고 본질적으로 초래되는 그 무엇이기 때문이다. 따라서 결과가 제거되거나 변경되었다면, 이는 그 원인이 제거되거나 변경되었다는 사실을 입증하는 확실한 증거라 할 수 있다. 이제 이 단순한 철학적 원리를 죄와 구원의 문제에 적용해 보자. 다음의 말씀에서 원인은 죄, 결과는 죽음이다.

- "선악을 알게 하는 나무의 열매는 먹지 말라 네가 먹는 날에는 반드시 죽으리라"(창 2:17).
- "범죄하는 그 영혼은 죽으리라"(겔 18:4).

- "죄의 삯은 사망이요"(롬 6:23).
- "죄가 … 나를 죽게 만들었으니"(롬 7:13).
- "허물과 죄로 죽었던 너희"(엡 2:1).
- "죄가 장성한즉 사망을 낳느니라"(약 1:15).

그러나 칼빈주의는 죄라는 원인에 대해 죽음이라는 결과를 제거한 후 죽음 대신 영생을 주려 한다. 즉, 그들은 언제나 주의를 기울여 신자는 영원한 생명을 가졌다고 주장한다. 그러나 죄에 대해 그 결과인 죽음을 제거하고 대신 영생을 주기 위해서는 다음 두 가지 중 하나가 행해져야 한다.

(1) 결과를 바꿀 수 있을 만큼 충분히 원인에 변화를 준다.

(2) 원인과 결과 모두를 제거한다.

그렇다면 우리는 하나님께서 사람을 죽음에서 벗어나게 하시는 방법은 죄라는 원인을 사람의 마음과 삶에서 제거하심을 통해서라고 주저없이 말할 수 있다. 그러나 칼빈주의자들은 이 말에 동의하지 않는다. 그들은 모든 죄에서의 온전한 구원을 믿지 않는다. 그들은 사실상 칼빈주의 교리에 따라, 사람이 이 세상에서 끔찍한 죄를 지으며 살더라도 그가 과거에 한 번 참되게 거듭난 적만 있다면, 그런 죄는 그 당연한 결과인 영원한 죽음을 초래하지 않는다고 믿는 것이다. 따라서 칼빈주의는, 회심을 통해 신자에게 적용된 그리스도의 속죄는 죄의 성격을 바꾸어 놓는다는 전제를 내포할 수밖에 없다.

만약 우리가 지금 논의하고 있는 것처럼, 원인이 그 정해진 결과를 가져오지 않으면서도 원인 자체가 완전히 제거되지 않는다면, 우리는 자연히 원인에 내포되어 있는 어떤 필연적 요소가 특정 결과를 가져오는지 궁금할 것이다. 특정한 원인의 성격이 '1, 2, 3, 4'와 같이 번호를 매길 수 있는 여러 요소의 조합으로 이루어져 있다고 해보자. 그중 갑자기 사라져 버린 특정 결과를 일으키는 요소가 1과 2라고 한다면, 원인에 포함되어 있는 모든 요소가 제거되지 않더라도, 적어도 1과 2만 제거하면 그 결과 역시 제거된다. 만약 그렇지 않다면 1과 2에서 비롯된 결과는 사라지지 않을 것이기 때문이다. 우리가 지금 다루고 있는 주제로 돌아가 보자. 죄에 포함된 모든 요소가 제거되지는 않았음에도 그 특정 결과인 영원한 죽음은 제거되었다. 그렇다면 영원한 죽음을 초래하는 것은 죄의 성격 중 어떤 요소인가? 그것을 안다면, 그리스도의 속죄가 '죄 짓는 그리스도인'을 영원한 죽음에서 구원하기 위해 죄의 어떤 요소를 파괴하는지 알 수 있을 것이다. 그 결과 만약 죄의 어떤 요소도 파괴될 수 없음을 발견한다면, 칼빈주의의 죄 이해에 오류가 있는 것이다.

그렇다면 먼저 죽음의 원인인 죄란 무엇인가? 간략하게 정의하면, 죄는 상태로든 행동으로든 하나님의 거룩하심과 계시하신 뜻에서 벗어나는 것이다. 그러면 죄의 결과인 영적 죽음은 무엇을 말하는가? 그것은 (1) 하나님으로부터의 분리, (2) 도덕적·영적 본성의 부패, (3) 마땅한 형벌을 포함한다. 여기서 본성의 타락이란 '하나님의 거룩하심에서 벗어난 상태'로, 영혼

안에 있는 죄성을 말한다.

여기서 정의한 영적 죽음은 다음 사실들의 조합에서 비롯되는 필연적 결과다.

1. 하나님의 거룩하심과 의로우심

2. 하나님의 백성이 악과 거룩하지 않음과 불의를 선택함

3. 선과 악, 거룩함과 거룩하지 않음, 의로움과 불의함은 본질적으로 대립하는 상반된 원리임. "두 사람이 뜻이 같지 않은데 어찌 동행하겠으며"(암 3:3). "주께서는 눈이 정결하시므로 악을 차마 보지 못하시며"(합 1:13).

이 중 하나님의 거룩하심은 두 번째와 세 번째 사실로 인해 분리를 가져온다. 하나님께서 악을 허용하신다면 어떻게 그 거룩하심이 훼손되지 않을 수 있겠는가? 하나님의 의로우심은 두 번째와 세 번째 사실로 인해 형벌을 필요로 한다. 하나님께서 악을 벌하지 않으신다면 어떻게 그 의로우심이 훼손되지 않을 수 있겠는가? 사람이 악을 선택함으로 하나님과 분리되는 것은 본성의 타락을 가져온다. 아르미니우스가 "사람은 하나님의 임재하심을 잃게 된 결과 그 본성이 부패하게 되었다"고 말한 것과 같다. 따라서 앞의 세 가지 사실의 조합은 언제나 즉각적으로 영적 죽음, 즉 하나님으로부터의 분리와 죄책과 본성의 부패를 초래한다. 이는 결코 변하지 않는 진리다. 하나님의 거룩하심과 의로우심은 결코 변하지 않기 때문이다. 선과 악이 대립

하는 원리 역시 결코 변하지 않는다. 따라서 이 두 가지 사실과 함께 고의적인 악의 선택은 언제나 필연적으로 모든 사람에게 영적 죽음을 초래한다. 그리스도의 속죄가 이 사실을 변경하지는 않으며, 또 변경할 수도 없다. 우리 주님께서는 우리에게 내려진 죽음의 선고를 스스로 짊어지심으로 하나님께서 우리에게 자비를 베풀고 죄를 용서하실 뿐 아니라, 용서받은 영혼을 하나님과의 교제와 사랑으로 회복시킬 수 있게 하셨다. 그러나 어떤 상상을 하고 말재주를 부리고 비유를 사용하든, 또 어떤 기발한 이론을 만들어 내든, 우리가 선과 악의 대립을 없애 하나님을 고의로 죄짓는 죄인들과 교제하고 연합하시는 분으로 만드는 것이 가능하다고 생각할 수 있겠는가? 로우리는 『은혜의 가능성』(Possibilities of Grace)에서 "눈이 모든 먼지를 씻어 내림으로 깨끗한 시력을 유지하는 특성을 지니듯, 하나님은 모든 죄를 내쫓으시는 본성을 지니고 계신다"고 말한다. 그리고 "극히 작은 죄의 입자와 그림자조차도 하나님께 혐오감을 일으킨다"고 덧붙인다.

심지어 우리의 칼빈주의자 동료들도 죄는 우리가 하나님과 누리던 교제를 깨뜨린다는 사실을 인정한다. 그럼에도 그들은 교제와 영생은 별개의 문제며, 신자는 하나님과의 교제를 상실하더라도 영생은 잃어버리지 않을 수 있다고 주장한다. 그러나 우리는 그런 주장이 성경적이거나 합리적이라 할 수 있는지 묻고 싶다. 성경은 "누구든지 그리스도의 영이 없으면 그리스도의 사람이 아니라"(롬 8:9)라고 말씀한다. 쉽게 말해, 만약 우리가 하나님께 속해 있으면 우리는 그리스도의 영을 소유한다. 그러나 성령 하나님께서 고의로 죄짓는 사람의 마음에 거하면서 계속 그에게 복을 주시고 그와 교제하실 수 있다는 말인가? 만약 그렇다면, 거룩하고 의로우신 하나님께서 악한 선택을 하더라도 복을 주시고 그런 사람과 교제하신다는 것인데, 이는 위의 3번 곧 선과 악이 대립한다는 사실을 부인하는 것이다. 그런 주장은 하나님을 모독한다. 성령께서 비록 고의로 죄짓는 자의 마음에 거하기는 하지만 그와 교제하지는 않는다는 것은, 마치 두 사람이 절대 말은 섞지 않지만 그래도 같이 걷고 있다는 것같이, 그저 말장난에 불과하다. 실제적인 면에서 하나님과 교제하지 않는다는 것은 그분에게서 분리된 것이며, 이 분리는 영적 죽음의 중요한 요소다. 이 분리에서 기인하는 타락 역시 영적 죽음의 또 하나의 요소다. 그러한 분리와 악의 선택은 틀림없이 죄책과 하나님의 분노를 일으킨다. 그 결과 우리는 영적 죽음의 세 번째 요소인 마땅한 형벌을 받는다. 만약 우리가 온전한 의미로 죽음의 선고를 받았다 해도 우리는 여전히 영생을 지니고 있을 수 있는가? 우리에게 성령이 계시지 않는데도 우리가 그의 것이라 할 수 있는가?(참고. 롬 8:9). 그리스도의 속죄든 과거에 경험한 신생이든, 앞의 세 가지 사실이 모두 조합되었음에도 죽음을 초래하지 못하게 할 수는 없다는 것은 틀림없다. 히브리서 10:28-29은 "모세의 법을 폐한 자도 두세 증인으로 말미암아 불쌍히 여김을 받지 못하고 죽었거든 하물며 하나님의 아들을 짓밟고 자기를 거룩하게 한 언약의 피를 부정한 것으로 여기고 은혜의 성령을 욕되게 하는 자가 당연히 받을 형벌은 얼마나 더 무겁겠느냐 너희는 생각하라"라고 말씀한다. 이 말씀에서 우리는 죄가 갈보리 언덕에서 복음이 계시되기 전보다 그 후에 더 위험하고 치명적인 것이 되었지, 그 위험성이 결코 약화되지 않았다는 사실을 명백하게 추론할 수 있다.

그럼에도 우리가 이미 살펴본 대로, 앞에서 언급한 세 가지 사실의 조합은 영적 죽음을 초래하기에, 죄의 성격을 충분히 변화시키기 위해서는 그 조합을 제거할 수밖에 없다!

그 세 가지 중 첫 번째나 세 번째, 즉 하나님께서 거룩하고 의로우시다는 사실 또는 선과 악이 대립한다는 사실을 제거하는 것은 불가능하다. 또 우리가 만약 성령의 능력과 그리스도의 피의 공로를 통해 악을 선택하기를 그칠 수 있다면, 우리는 더는 죄를 짓지 않게 될 것이다! 즉, 두 번째 사실을 제거하면, 단지 영적 죽음만이 아니라 죄 자체를 제거하게 된다. 그렇다면 우리는 죄의 성격을 바꾸는 것이 아니라 죄를 전적으로 제거하게 될 것이다. 요약하면 다음과 같다. 악을 선택하는 것이나 행동으로 죄를 짓는 것은 언제나 세 가지 사실을 조합하는 결과를 낳는다. 그리고 그런 조합은 언제나 영적 죽음을 초래한다. 거룩하고 의로우신 하나님은 세 가지 사실이 모두 조합되었음에도 영적 죽음을 피할 수 있을 정도로 죄의 성격을 완전히 바꾸는 일을 행하시지 않는다. 죄의 결과인 영적 죽음을 제거하는 수단으로서 유일한 대안은, 그것을 초래하는 죄를 전적으로 제거하는 것이다. 결국 그리스도의 속죄의 능력이 죄의 성격을 바꾼다는 의미를 내포한 어떤 죄 이해도 잘못된 것이라고 결론 내릴 수 있다.

이 같은 사실에서 추론 가능한 추가적 결론은 다음과 같다.

첫째, 구원은 개인적 문제다. 따라서 각 개인을 영적 죽음에서 해방하기 위해서는 그들 각각이 죄에서 자유를 얻게 해야 한다. 이 점에서 우리는 비록 그리스도의 속죄 사역이 온전히 이루어졌음에도, 우리가 개인적으로 회개해야 할 필요를 발견한다. 우리는 그리스도의 죽음에서 유익을 누리고 거기서 제공된 영생을 얻기 위해 죄를 포기하고 버림으로 죽음을 초래하는 원인의 조합을 깨뜨려야 한다.

둘째, 칼빈주의는 불가능한 토대에 서 있다는 사실이 밝혀졌다. 이미 입증된 것처럼, 우리가 신생을 경험했다는 것이, 앞의 세 가지 사실이 모두 조합될 때 죽음을 초래하는 결과를 막지는 못한다. 중생은 신자 개인에 대한 하나님의 태도를 변화시키지만, 죄에 대한 하나님의 태도를 바꾸지는 못한다. 따라서 새로 거듭난 그리스도인이 영적 죽음에서의 자유를 계속 지켜낼 수 있는 유일한 방법은, 첫 번째와 세 번째 사실이 두 번째와 연결되지 못하게 하는 것이다. 달리 말해, 알려져 있는 모든 죄를 미워하고 거부하기를 그치지 않는 것이다. 악을 행해 또다시 죽음의 조합을 완성한 사람은 그 영혼에 하나님으로부터의 분리, 본성의 부패, 마땅한 형벌 등 영적 죽음의 모든 두려운 결과를 다시 초래할 것이다. 그러나 마음으로부터 즉시 회개하고 예수님의 피를 의지하는 사람은 그런 결과에 이르지 않고, 자신이 영적 죽음에서 자유롭다는 사실을 온전히 깨닫는다. 성령께서는 고의로 죄짓는 사람에게서 천천히 마지못해 떠나신다. 그럼에도 육체적 죽음을 맞이하기까지 회개하지 않고 완고하게 악을 택하는 사람은 영적 죽음의 상태에서 죽어 영원히 그 상태에 머물 것이다.

그렇다면 사람은 구원 얻는 일과 유지하는 일 모두에 개인적 책임이 있고, 회심한 사람 역시 이후에 하나님의 은혜를 상실하고 영원한 죽음의 형벌을 받은 채로 죽을 수 있는 것이다. 우리가 스스로를 돌아보고 주의해야 하는 기간은 회심으로 끝나지 않는다. 그리고 이 점은 그리스도의 속죄의 목적과 능력을 축소하는 것이 아니라, 우리로 속죄의 참된 목적이 무엇인지를 알게 해준다. 속죄가 성취 불가능했던 무엇인가를 가능하게 했다는 식으로 모호하게 생각했던 사람이라면, 그것이 어떤 결과를 어떻게 가져왔는지 분명히 알 필요가 있다. 그리스도의 속죄는 회개하는 영혼으로 과거에 지은 죄를 용서받을 뿐 아니라, 은혜로 말미암아 죄를 이기는 삶을 살 수 있게 함으로 죽음의 형벌을 벗어난 삶을 지속하게 한다.

셋째, 우리가 알고 있듯, 행동으로서든 상태로서든 죄는 하나님의 거룩하심과 계시하신 뜻에서 벗어나는 것이다. 우리가 회개와 그리스도를 믿는 믿음을 통해 의지적 선택으로 하나님의 뜻을 저버리는 것 곧 실제적인 죄의 행위를 그치면 죽음의 형벌은 즉시 제거된다. 그리고 우리는 (1) 하나님의 임재와 사랑으로 회복되고, (2) 형벌의 선고에서 해방되며, (3) 스스로 악을 선택한 직접적 결과인 본성의 부패에서도 씻음 받는다. 이 중 세 번째는 후천적 부패에서 해방되는 것을 의미하는데, 이 부패는 스스로를 죽음의 형벌에 처할 수밖에 없게 만든 필연적 요소다. 작은 눈덩이가 산에서 구르면서 점점 더 큰 덩어리가 되는 것처럼, 어린아이의 마음속에 있었던 죄의 씨앗은 지속적으로 그것에 굴복한 결과 계속 커져갈 것이다. 20세가 되면 유아 때보다 몇 배 부패한 상태가 될 것이고, 40세가 되면 그보다 훨씬 더 부패한 상태가 될 것이다. 하지만 신생은 20세 때든 40세 때든 그를 행위로서의 죄와 후천적 부패에서 건져 낼 것이다. 그럼에도 인류 전체에 내려진 또 하나의 더 일반적인 죽음의 선고가 있는데, 이 역시 모든 사람에게 유전된 부패와 관계가 있다. 이 부패는 후천적 부패보다 시간적으로 앞서는 것으로, 개인이 악을 선택한 직접적 결과로 내려진 개인적인 영적 죽음의 선고와 관계가 없으며, 따라서 개인적인 영적 죽음의 선고가 제거된 후에도 여전히 남아 있다. 그리고 이제야 우리는 그리스도의 속죄의 가장 영광스러운 능력을 말할 때가 되었다. 그리스도께서 흘리신 피는 우리에게 죄 용서, 양자 됨, 중생을 제공할 뿐 아니라, 이 유전된 부패성을 씻는다. 이 점에 대해서는 10장에서 더 분명하게 다룰 것이다.

이제까지 살펴본 대로 칼빈주의의 죄 이해는 논리적으로 매우 부적절하다. 또 칼빈주의가 죄에 대해 가르치는 것과 달리, 그리스도의 속죄의 목적은 우리가 과거에 지은 죄를 용서하기 위해서만이 아니라, 죄 된 본성을 거룩한 본성으로 변화시키기 위해서다(참고. 히 13:12, "그러므로 예수도 자기 피로써 백성을 거룩하게 하려고 성문 밖에서 고난을 받으셨느니라"-역주). 이는 아르미니우스주의와 웨슬리안의 관점으로, 현재적이고 개인적인 죄에서의 구원 없이도 죄와 사망에서의 영원한 구원이 가능하게 하려는 계획에 분명히 맞선다.

지금까지의 논의는 죄와 연관된 철학적 원리를 주의 깊고 솔직하게 점검하는 데 초점을 맞추었다. 이제부터는 성경의 확실한 증언을 살펴보고자 한다. 우리는 죄에 대한 아르미니우스주의적 관점을 다음과 같은 성경구절을 통해 입증할 것이다.

1. 성령에 의해 사람의 본성에 직접적으로 작용하는 그리스도의 속죄의 능력을 묘사하는 성경구절들(4장과 5장).

2. 그리스도의 사역의 목적이 죄를 사람에게서, 그리고 사람을 죄에게서 분리시키기 위한 것임을 분명히 말씀하는 성경구절들(6장).

3. 하나님께 순종하고 죄에 대해 바른 태도를 지니는 것을 구원의 조건으로 제시함으로 인간의 책임에 대해 말씀하는 성경구절들(8장).

4. 그리스도인에게 죄의 결과에 대해 경고하고 경계하는 성경구절들(8장).

5. 신약성경 또는 새 언약의 의미를 계시하는 성경구절들(9장).

6. 그리스도의 속죄가 유전적·내적인 죄에서 현재적이고 온전한 구원을 제공함을 말씀하는 성경구절들(10장).

7. 참된 성결과 의가 천국에 가기 위해 반드시 필요한 자질임을 나름의 방식으로 또는 간접적으로 말씀하는 성경구절들(10장).

4장 속죄와 인간의 본성 (1)

"이러한 내적 속박, 곧 영적 부패를 말해도 청중은 놀라지 않습니다. 이렇게 빛과 어둠을 뒤섞은 것이 오늘날에는 복음으로 통합니다."

— 존 플레처(John Fletcher)

사람의 본성에 직접적으로 작용해 변화를 일으키는 하나님의 능력에 대해 말씀하는 성경구절은 적어도 신약에서만 일흔 개가 넘는다. 죄의 성격이 바뀐다고 묘사하는 구절을 하나라도 찾으려 애쓰는 것은 헛된 일인 반면, 사람의 본성이 변화된다는 말씀은 성경 어디서든 찾을 수 있다. 단지 사람의 신분만이 아닌 상태 역시 변화된다고 말씀하는 구절들을 살펴보자.

- "아버지께서 죽은 자들을 일으켜 살리심같이 아들도 자기가 원하는 자들을 살리느니라"(요 5:21).
- "그는 허물과 죄로 죽었던 너희를 살리셨도다"(엡 2:1).
- "허물로 죽은 우리를 그리스도와 함께 살리셨고 (너희는 은혜로 구원을 받은 것이라(엡 2:5).
- "예수께서 대답하여 이르시되 진실로 진실로 네게 이르노니 사람이 거듭나지 아니하면 하나님의 나라를 볼 수 없느니라"(요 3:3).

- "우리를 구원하시되 우리가 행한 바 의로운 행위로 말미암지 아니하고 오직 그의 긍휼하심을 따라 중생의 씻음과 성령의 새롭게 하심으로 하셨나니"(딛 3:5).

위 성경구절들은 중생의 본질이라 할 수 있는 영적인 생명의 분여에 대해 말씀한다. 우리는 이 구절들에서 사람의 지위만이 아닌 상태 역시 변화된다는 사실에 대한 분명한 증거를 발견한다. 영적으로 죽어 있는 영혼이 살리심을 받는 일은 분명 본성의 변화를 의미한다.

- "그런즉 누구든지 그리스도 안에 있으면 새로운 피조물이라 이전 것은 지나갔으니 보라 새것이 되었도다"(고후 5:17).
- "할례나 무할례가 아무것도 아니로되 오직 새로 지으심을 받는 것만이 중요하니라"(갈 6:15).
- "우리는 그가 만드신 바라 그리스도 예수 안에서 선한 일을 위하여 지으심을 받은 자니 이 일은 하나님이 전에 예비하사 우리로 그 가운데서 행하게 하심이니라"(엡 2:10).
- "하나님을 따라 의와 진리의 거룩함으로 지으심을 받은 새 사람을 입으라"(엡 4:24).

위 성경구절들에서는, 본성의 변화가 매우 철저하고 사실적이어서 신자를 실제로 "새로운 피조물"로 만든다. 만약 새로운 피조물이 되지 못한다면, "그리스도 예수 안에서는 할례나 무할례나 효력이 없으되 사랑으로써 역사하는 믿음 뿐이니라"(갈 5:6)라는 말씀 대신 "그리스도의 의의 전가라는 이론이나 성례전을 통한 확증뿐이니라"라는 말을 넣어도 성경적 의미를 벗어나지 않을 것이다.

예수님은 악한 생각, 간음, 우상숭배, 살인, 절도, 탐욕, 악한 눈, 신성모독, 교만, 어리석음이 우리의 내면, 즉 사람의 마음(본성)에서 나온다고 말씀하신 후 이렇게 경고하셨다.

> "나더러 주여 주여 하는 자마다 다 천국에 들어갈 것이 아니요 다만 하늘에 계신 내 아버지의 뜻대로 행하는 자라야 들어가리라 그날에 많은 사람이 나더러 이르되 주여 주여 우리가 주의 이름으로 선지자 노릇 하며 주의 이름으로 귀신을 쫓아 내며 주의 이름으로 많은 권능을 행하지 아니하였나이까 하리니 그때에 내가 그들에게 밝히 말하되 내가 너희를 도무지 알지 못하니 불법을 행하는 자들아 내게서 떠나가라 하리라"
> (마 7:21-23).

바울도 "육체의 일은 분명하니 곧 음행과 더러운 것과 호색과 우상숭배와 주술과 원수 맺는 것과 분쟁과 시기와 분냄과 당 짓는 것과 분열함과 이단과 투기와 술 취함과 방탕함과 또 그와 같은 것들이라"라고 말한 후, "전에 너희에게 경계한 것같이 경계하노니 이런 일을 하는 자들은 하나님의 나라를 유업으로 받지 못할 것이요"라고 매우 강한 어조로 경고했다(갈 5:19-21). 따라서 사람이 하나님 나라를 유업으로 받기 위해서는 사람의 마음 곧 그 내적인 본성이 변화를 받아야 한다.

다음의 성경구절들도 매우 중요하다.

- "**마음이** 청결한 자는 복이 있나니 그들이 하나님을 볼 것임이요" (마 5:8).

- "내가 아버지의 이름을 그들에게 알게 하였고 또 알게 하리니 이는 나를 사랑하신 사랑이 그들 **안에** 있고 나도 그들 **안에** 있게 하려 함이니이다"(요 17:26).

- "소망이 우리를 부끄럽게 하지 아니함은 우리에게 주신 성령으로 말미암아 하나님의 사랑이 우리 **마음에** 부은 바 됨이니" (롬 5:5).

- "너희 **안에서** 착한 일을 시작하신 이가 … 자기의 기쁘신 뜻을 위하여 너희에게 소원을 두고 행하게 하시나니"(빌 1:6; 2:13).

- "이 말씀이 또한 너희 믿는 자 **가운데에서** 역사하느니라" (살전 2:13).

- "그의 영광의 풍성함을 따라 그의 성령으로 말미암아 너희 속 **사람을** 능력으로 강건하게 하시오며 믿음으로 말미암아 그리스도께서 너희 **마음에** 계시게 하시옵고 너희가 사랑 가운데서 뿌리가 박히고 터가 굳어져서 능히 모든 성도와 함께 지식에 넘치는 그리스도의 사랑을 알고 그 너비와 길이와 높이와 깊이가 어떠함을 깨달아 하나님의 모든 충만하신 것으로 너희에게 충만하게 하시기를 구하노라 우리 **가운데서** 역사하시는 능력대로 우리가 구하거나 생각하는 모든 것에 더 넘치도록 능히 하실 이에게"(엡 3:16-20).

위 성경구절들에서 핵심은 '안에'(in)라는 작은 전치사에 있다(이 구절들에서 볼드체는 저자가 강조한 것이며, 영어 성경에서는 모두 전치사 'in'을 동반하고 있다-역주). 그 구절들은 하나님께서 그리스도의 속죄의 공로를 통해 사람을 '위해서'(for)만이 아니라 사람 '속에서'(in) 역사하심을 분명히 말씀한다. 예수님은 성부께서 자신을 사랑하신 사랑이 사람에게 '향하도록'(toward)만이 아니라 사람 '안에'(in) 있게 해주시기를 기도하셨다. 그런데 만약 말씀이 사람의 본성에 직접적인 변화를 일으키지 않는다면 어떻게 사람 속에서 효과적으로 역사하실 수 있겠는가? 나아가 이 구절들에 나오는 어떤 말씀은, 처음 중생했을 때의 새로운 삶 그 이상으로까지 나아가 신자의 영혼이 온전히 갱신됨으로 모든 부정한 것이 제거될 것이라고 말씀한다. 그렇다면 이 순결함은 단순히 외부에서 전가되는 무엇이 아니라 사람의 마음에서 실현되는 상태를 말하는 것이다.

우리는 오순절에 제자들에게 발생한 엄청난 변화 역시 중생 이후의 어느 시점에 이루어지는 온전한 갱신에 대한 또 하나의 중요한 증거임을 잊어서는 안 된다. 베드로가 여종 앞에서도 두려워 주님을 부인했던 오순절 이전과 많은 군중 앞에서 담대하게 복음을 전하게 된 오순절 이후를 대조해 보라. 또 스데반이 순교할 때 드린 사도행전 7:60("무릎을 꿇고 크게 불러 이르되 주여 이 죄를 그들에게 돌리지 마옵소서 이 말을 하고 자니라")의 기도에서 나타나는 성결의 초자연적 현상에 대해서도 깊이 생각해 보라. 결국 성령 세례의 가장 본질적이며 두드러지는 결과는 바로 신자 자신에게 일어나는 현저한 변화다. 더 깊이 생각할수록 우리는 이 변화가 온건하거나 점진적인 것이 아니라, 철저하고 순간적인 것임을 깨닫게 된다. 변화된 그들은 과거 진실한 의도와 열망을 지닌 악의 없는 신자들의 작은 모임이었음에도, 그들의 헌신은 이기심, 질투, 언쟁, 무지, 두려움, 보복심으로 삐걱대고 있었다. 하나님께서는 그런 사람들에게 그분의 권능을 주실 수 없었다! 그런 잡초로 가득한 마음의 정원에서는 성령의 열매가 성숙할 수 없기 때문이다! 그러나 사복음서와 사도행전의 기록을 종합해 볼 때 가장 분명한 사실은 오순절 이후 그들이 달라졌다는 것이다. 겁이 많던 사람들이 담대해졌고, 변덕스럽던 사람들이 충성스러운 사람이 되었으며, 교만하던 사람들이 겸손하게 변화되었다. 그들의 동기에서는 이기심이 사라졌고, 기질에서는 악의가 제거되었으며, 헌신은 온전해서 꺼지지 않는 불꽃이 되었다. 베드로 자신이 사도행전 15:8-9("또 마음을 아시는 하나님이 우리에게와 같이 그들에게도 성령을 주어 증언하시고 믿음으로 그들의 마음을 깨끗이 하사 그들이나 우리나 차별하지 아니하셨느니라." 예루살렘 회의에서 베드로는 고넬료의 가정에 임한 성령 세례를 오순절 성령 세례와 동일한 역사로 설명한다—역주)에서 증언한 것처럼, 성령 세례는 그들의 마음을 깨끗하게 했다. 그리고 성경을 더 자세히 살펴보면 우리는 이 변화가 단지 하루만이 아니라 평생 지속되었음을 알 수 있다. 그들의 육적인 본성은 오순절의 권능의 눈부신 영광에 의해 단지 억제되는 정도가 아니라 완전히 깨끗이 씻겨졌다. 그 본성에 존재하던 충동은 전적인 변화를 받았다. 그리고 그들이 성령 충만함을 유지하는 한 이 변화된 상태를 언제나 지속할 수 있었다.

우리는 이 모든 사실에서 그리스도의 보혈에는 사람의 본성을 변화시키는 능력이 있음을 인정할 수밖에 없다. 또 사람의 행동, 말, 생각, 감정 전반을 다스리는 것이 사람의 본성이기에, 이 변화가 일으키는 놀랍고도 실제적인 중요성은 아무리 과장해도 지나치지 않다. 각 사람의 특징을 결정짓는 것은 그가 가진 본성이다. 만약 그의 행동이 악하다면 그것은 그의 본성이 악하기 때문이다. 회심하지 않은 사람이 죄인으로서 하나님께 대항하고 반역하는 이유는 본성 곧 그의 마음의 상태가 그러하기 때문이다. 장미가 햇빛에서든 빗속에서든, 정원에서든 사막에서든 아름다움을 나타내고 향기를 뿜는 이유는, 그것이 장미의 본성이기 때문이다. 수련이 질척하고 더러운 연못 물에서도 언제나 희고 깨끗한 것은, 그것이 수련의 본성이기 때문이다. 환경보다 중요한 것이 본성이다. 지금 우리가 다루는 것이 바로 이 본성의 변화로, 사람의 본성이 변화를 받으면 잘못된 일을 하려는 경향성이 옳은 일을 하려는 경향성으로 대체된다. 하나님께 "아니요"라고 말했던 의지의 성향이 "네"라고 말하는 성향으로 변화된다. 자기 자신에게로 향했던 사랑이 하나님께로 향한다. 과거에는 주변의 환경에 좌우되어 세상의 오염된 것들을 들이마시던 것이 그의 본성이었다면, 이제는 햇빛에서든 빗속에서든, 정원에서든 사막에서든 성령의 열매를 맺고, 사방이 더러운 죄로 오염된 가운데서도 언제나 희고 깨끗한 상태를 유지하는 것이 그의 본성이 된다. 만약 이러한 변화가 우리가 지금까지 알고 있었던 것보다 더 깊은 은혜의 역사라면, 우리는 담대히 이러한 더 깊은 역사를 소원해야 한다. 나는 단지 신약성경에 기록된 일반적인 수준의 그리스도인의 경험을 진술했을 뿐이기 때문이다. 성경은 "의에 주리고 목마른 자는 복이 있나니 그들이 배부를 것임이요"(마 5:6)라고 말씀한다. 그렇기에 우리는 이 말씀에 따라 확신을 가지고 주린 자들에게 "너희 믿음대로 되라"(마 9:29)라고 말할 수 있다.

이러한 인간 영혼의 온전한 갱신의 교리와 대조되는 칼빈주의의 주장은 무엇인가? 스코필드(C. I. Scofield) 같은 현대의 많은 칼빈주의자는, 중생 때 새로운 본성이 주어지지만 옛 본성은 변하지 않고 남아 있으며 심지어 '변할 수 없다'는 입장을 취한다. 우리는 회심 때 우리가 선천적으로 타고난 아담의 타락한 본성이 비록 억제되더라도 여전히 남아 있다는 주장에 동의한다. 그리고 만약 '변할 수 없다'는 말이, 이 내면의 죄 된 성향이 "하나님의 법에 굴복하지 아니할 뿐 아니라 할 수도 없음"(롬 8:7)을 의미하고, 따라서 교육하고 갱신하거나 완전히 진압할 수 없음을 의미한다면, 우리도 그 주장에는 동의할 수 있다. 그러나 그들의 주장이 그 이상을 내포한다는 사실은 매우 확실하다. 그들은 옛 본성은 인간의 육적인 본성과 동일한 것이기에 육체의 죽음을 통해서가 아니면 파괴할 수 없고, 따라서 우리가 이 세상을 사는 동안에는 옛 본성이 새로운 영적 본성과 나란히 함께 존재할 수밖에 없다고 주장한다. 그러나 다니엘 스틸(Daniel Steele) 박사는 『성결의 대체물』(*A Substitute for Holiness*)에서 당시에 유행하던 이러한 주장의 기초는 "선천적이고 정복할 수 없는 악은 물질에 내재해 있다고 주장해 온 동양 철학과 영지주의의 오래된 오류"임을 바르게 지적한다. 이는 오직 죽음 곧 "훌륭한 구원자인 죽음"만이 우리를 "죄로 가득한 육체"에서 해방시킬 수 있다는 주장이다. 그러나 악이 물질 속에 존재한다는 이 잘못된 교리가 비록 역사상 종종 큰 영향을 끼쳐 왔더라도 다시는 그럴 필요가 없다는 사실은 분명하다. 성경 및 바른 심리학과 조화를 이루는 유일한 이론은, 사람의 실제적인 도덕적 본성은 바로 사람 그 자신이지, 단지 그의 물리적 육체가 아니라는 것이다. 그는 자신의 자아(ego), 영혼, 비물질적 자신 이외의 다른 무엇에 자신의 죄 된 본성을 담아 놓은 것이 아니다. 그는 단지 분리할 수 없는 단 하나의 인간 본성을 지닐 뿐이다. 그리고 이 단 하나의 본성이 명백히 죄로 타락했다. 그러나 감사하게도 이 본성은 틀림없이 중생을 통해 소생되고, 성화를 통해 씻음을 받는다. 이러한 본성의 변화는 그리스도의 의의 전가라는 이론적 과정이 아닌, 철저한 인격적·내면적 갱신으로 이루어진다. 이러한 변화는 또한 "변할 수 없는" 죄 된 옛 본성을 교정함으로가 아니라 그것을 철저히 멸함으로 이루어진다. 다윗은 "내 속에 정한 마음을 창조하시고 내 안에 정직한 영을 새롭게 하소서"(시 51:10)라고 기도했다. 앞에서 열거한 성경구절들을 다시 살펴본다면, 신자의 본질적인 도덕적 본성은 단지 중생하는 데서 그치지 않고 정결하게 될 수 있고, 또 정결하게 되어야 하며, 그것도 이 세상에 사는 동안 그럴 수 있다. 로우리의 비유적 표현(*Possibilities of Grace*, p. 269)을 빌리면, "죄로부터 해방"(롬 6장)되는 것은 "썩은 나무에 거룩한 싹을 접붙여 선한 열매와 악한 열매가 함께 자라게 하는 것이 아니라, 죄의 씨앗을 박멸해 나무 전체가 '거룩함에 이르는 열매'(롬 6:22)만을 맺는 것과 같다." 이러한 신학은 단지 "우리에게 그리스도를 주소서!"라고 외치는 것 이상으로, 마치 우리를 죄에서 구원하는 구원자인 양 왕좌에 앉아 있던 육체적 죽음을 거기서 끌어내리고, 갈보리 복음의 참된 영광과 능력을 그리스도께 되돌려드리는 것이다.

우리는 개인의 본성이 거룩해질 수 있는 가능성과 반드시 그래야 할 필연성을 인정하지 않는 사람들이 널리 알려져 있는 '신분과 상태' 이론을 발전시키려 노력하는 것을 흔히 본다. 그들은 하나님 앞에서 우리가 용서와 양자 됨을 통해 신분의 변화를 받았고, 그리스도의 의를 전가받았기에 하나님 앞에서는 온전함을 유지하지만, 천국에 가기 전까지 우리의 실제 상태는 죄가 많고 우리가 온전히 거룩해질 수는 없다고 주장한다. 우리는 하나님과 맺은 관계로 인해 모든 죄책, 미래에 형벌 받을 가능성, 저주, 진노에서 자유롭다. 마치 우리가 어떤 더러운 죄로도 우리의 순수함을 더럽힌 적 없이 언제나 목자의 우리 안에 있던 거룩하고 순종적인 양 무리였던 것처럼, 천국에서의 우리의 지위, 하나님 앞에서의 우리의 신분은 아무런 문제가 없고 완벽하다. 그러나 우리의 영적이고 도덕적인 실제 상태는 그와 전혀 다르다.

사람들이 신분과 상태 사이의 이러한 차이를 오늘날에도 널리 가르치고 있다는 사실은 많은 자료에서 인용해 증명할 수 있다. 한 규모 있는 칼빈주의 성서학원이 최근 출판한 책에는, 그리스도를 믿는 사람으로서 우리의 "하나님 앞에서의 신분, 그리스도 안에서의 신분은 오직 거룩할 뿐이다" 라고 쓰여 있다. 그러나 그다음 문단에서 저자는 우리의 상태는 그렇지 않다고 설명한다. 그는 "우리가 하늘나라에 가면 그때에는 모든 죄에서 자유를 얻을 것이다. 그러나 이 세상에서 하나님의 은혜와 그리스도 예수 안에서 새로운 본성을 지녔음에도, 우리는 여전히 우리를 죄로 끌어내리는 옛 아담의 본성을 지니고 있다"고 말한다. 즉, 우리의 신분은 거룩하지만, 우리의 상태는 그렇지 않다는 것이다. 유명한 스코필드 관주성경을 쓴 스코필드 박사 역시 '신분과 상태' 이론의 대표적인 주창자다. 그는 자신의 책 『진리의 말씀의 올바른 분별』(Rightly Dividing the Word of Truth) 80페이지에서, 신자에게는 하나님 앞에서의 완전한 신분이 먼저 주어진 후, 그다음으로 신분에 부합하는 삶을 살아야 한다는 권면이 주어진다고 주장한다. 이를 설명하기 위해 그는 "거지는 거름더미에서 건짐받아 왕자의 신분이 된 후에 왕자답게 행동하는 법을 배운다"는 말을 덧붙인다. 그러나 거지에게 왕자의 마음이 주어지지 않는다면 거지가 어떻게 왕자다울 수 있겠는가? 그가 마음으로는 여전히 거지라면, 왕자다운 그의 모든 행동은 비열한 위장과 가식이 될 수밖에 없다. 그리스도인을 바로 그와 같이 묘사하는 것이 '신분과 상태' 이론이다. 그러나 만약 거지에게 왕자의 마음이 주어진다면, 그는 더는 거지가 아니다. 이런 경우 그의 상태는 그의 신분과 동시에, 그리고 동일하게 변화된다. 이는 유감스럽지만 스코필드 박사의 이론에 타격이 될 것임에 틀림없다.

만약 스코필드 박사가, 거름더미에서 건짐받은 거지가 먼저 왕자의 마음을 받고, 그 이후에 왕자로서의 행동양식과 책임을 배워야 했다고 주장했다면, 우리는 그의 말에 진심으로 동의했을 것이다. 그것은 신분과 상태의 차이가 아닌, 신분과 지식이나 기술의 성숙 사이의 차이에 관한 이야기가 될 것이다.

중요한 것은 신분과 상태 이론을 성경이 일관되게 지지하지 않는다는 점이다. 아래의 도표를 자세히 살펴보면 우리는 성경이 신분과 상태를 분리하지 않고, 종종 그 둘 모두가 동시에 변화된다고 말씀하고 있음을 알 수 있다. 우리의 신분이 변화되는 것처럼 우리의 상태 역시 실제로 변화를 받는다는 것이다. 외국인이 실제로 귀화하지 않고서 시민권 증서만 얻을 수는 없는 것 못지않게, 죄인은 신분의 변화에 걸맞은 상태의 변화가 뒤따르지 않은 채 단지 신분의 변화만 얻을 수는 없다는 것이 문제의 진실이다.

신분	상태
"내가 잃었다가 얻었기로"(눅 15:32).	"이 네 동생은 죽었다가 살아났으며."
"그들의 죄와 그들의 불법을 내가 다시 기억하지 아니하리라"(히 10:17).	"내 법을 그들의 마음에 두고 그들의 생각에 기록하리라"(히 10:16).
"내 안에 거하라 나도 너희 안에 거하리라 가지가 포도나무에 붙어 있지 아니하면 스스로 열매를 맺을 수 없음같이 너희도 내 안에 있지 아니하면 그러하리라"(요 15:4).	"열매를 맺는 가지는 더 열매를 맺게 하려 하여 그것을 깨끗하게 하시느니라 너희는 내가 일러준 말로 이미 깨끗하여졌으니"(요 15:2-3).
"그가 네 모든 죄악을 사하시며."	"네 모든 병을 고치시며"(시 103:3).
"그들도 다 하나가 되어 우리 안에 있게 하사"(요 17:21).	"그들로 온전함을 이루어"(요 17:23).
"죄 사함 … 을 얻게 하리라."	"나를 믿어 거룩하게 된 무리 가운데서 기업을 얻게 하리라"(행 26:18).
"의롭다 하심을 받았으니"(롬 5:1).	"우리에게 주신 성령으로 말미암아 하나님의 사랑이 우리 마음에 부은 바 됨이니"(롬 5:5).
"한 범죄로 많은 사람이 정죄에 이른 것같이 한 의로운 행위로 말미암아 많은 사람이 의롭다 하심을 받아 생명에 이르렀느니라"(롬 5:18).	"한 사람이 순종하심으로 많은 사람이 의인이 되리라(be made [not imputed] righteous)"(롬 5:19).
"누구든지 그리스도 안에 있으면."	"새로운 피조물이라"(고후 5:17).

신분	상태
"창세 전에 그리스도 안에서 우리를 택하사."	"우리로 사랑 안에서 그 앞에 거룩하고 흠이 없게 하시려고"(엡 1:4).
"우리를 구원하시되 우리가 행한 바 의로운 행위로 말미암지 아니하고 오직 그의 긍휼하심을 따라."	"중생의 씻음과 성령의 새롭게 하심으로 하셨나니"(딛 3:5).
"그가 빛 가운데 계신 것같이 우리도 빛 가운데 행하면 우리가 서로 사귐이 있고."	"그 아들 예수의 피가 우리를 모든 죄에서 깨끗하게 하실 것이요"(요일 1:7).
"만일 우리가 우리 죄를 자백하면 그는 미쁘시고 의로우사 우리 죄를 사하시며."	"우리를 모든 불의에서 깨끗하게 하실 것이요"(요일 1:9).
"너희는 다시 무서워하는 종의 영을 받지 아니하고 양자의 영을 받았으므로 우리가 아빠 아버지라고 부르짖느니라"(롬 8:15).	"하나님이 미리 아신 자들을 또한 그 아들의 형상을 본받게 하기 위하여 미리 정하셨으니 이는 그로 많은 형제 중에서 맏아들이 되게 하려 하심이니라"(롬 8:29).

우리는 존 웨슬리의 "어느 누구도 성령의 열매와 분리된 성령의 증거로 만족하지 마시기 바랍니다"라는 조언으로 독자들에게 권고하고자 한다 (참고. 롬 8:15-16. 웨슬리에 따르면, 성령의 증거는 성령의 열매를 맺게 하는 원천이 되고, 성령의 열매는 성령의 증거가 참이었음을 입증하는 증거가 된다-역주). 다니엘 스틸 박사는 『성결의 대체물』에서 '신분과 상태' 이론의 표현법을 빌려 그 말을 다음과 같이 고쳐 썼다. "누구도 자신의 실제 성품은 그리스도의 모든 탁월함으로 빛나지 않으면서, 자신이 그리스도 안에 있다고 가정하지 마십시오." 그리고 그는 다음과 같이 말한다. "누구도 고의로 죄를 저지르고 있으면서 자신은 그리스도 안에 있기에 하나님 보시기에

순결하고 깨끗할 것이라 상상하지 마십시오. 하늘에서 당신의 지위가 어떠한지는 땅에서 당신의 상태가 어떠한지와 동일할 것입니다."

만약 우리가 정말 성경적인 문구를 사용하기 원한다면 '신분과 상태' 대신 '상태와 성숙도'라는 말은 어떨까? 또는 신분과 상태를 동격으로 사용한 것과 유사하게 '신분과 성숙도'라는 말도 좋을 것이다. 사실 나는 신자가 거룩하고 의로워야 할 필연성을 회피하지 않고서 칼빈주의 교리가 요구하는 것보다 더 깊이 하나님과 동행하면서도, 여전히 '신분과 상태' 이론을 믿는 칼빈주의자들이 있는지에 대해 강한 의구심을 가지고 있다. 그들은 '상태'를 '성숙도'와 혼동하고 있기 때문이다. 그들은 스스로 그리스도인으로서의 미성숙함과 부족함을 인식하고, 또 마귀가 강하게 유혹하는 근거가 되는 연약성을 지니고 있기에, 자신들이 지닌 결함에 부합하는 이론의 필요성을 느낀다. 그러나 우리는 그런 이들에게 사람의 '상태'와 '성숙도'는 그리스도인의 경험에서 매우 다른 것임을 상기시키고자 한다. 예를 들면 다음과 같다. 과수원 주인이 별로 경험이 많지 않은 조력자에게 사과나무에서 좋지 않은 열매를 솎아 내는 방법을 가르치면서 한 사과를 가리키며 "자, 이건 완벽한 사과니 그대로 두지"라고 말했다. 그런데 그 사과는 아직 크기도 작고 색깔도 녹색이었다! 그것의 상태는 성숙도와는 전혀 달랐던 것이다. 또 다른 비유를 들어보자. 아들은 자연히 아버지를 닮아 가기 마련임에도 아직은 아버지와 같은 성숙한 남자다움을 지니지는 못할 수 있는 것처럼, 우리 역시 하나님께서 분여해 주신 참된 신성한 성품(벧후 1:4)을 지녔음에도 아직은 삶 속에서 성숙한 영적 기량, 이해, 성숙한 그리스도인다운 강인함을 나타내지 못할 수도 있다. 하나님께서 우리에게 "내가 거룩하니 너희도 거룩할지어다"(레 11:45; 벧전 1:16)라고 명령하신 것은, 우리가 성숙도에서 하나님과 동격이 되라는 의미가 아니라, 그 본성이 하나님을 닮은 상태여야 함을 말씀하신 것이다.

5장 속죄와 인간의 본성 (2)

자신의 구원이 확실하다고 상상하는 이들이여
의에 대하여 깨우침을 받고
율법폐기론적 신앙을 버리라
당신의 근거 없는 소망과 지옥 같은 평화도!
깨어 일어나 당신의 죄를 씻으라
그제서야 믿음의 역사는 시작되리니!

— 존 웨슬리

'신분과 상태' 이론은 의도적이든 그렇지 않든 '그리스도의 의의 전가' 교리와 밀접히 연결되는데, 이는 신자가 거룩하고 의로워야 할 필연성을 회피하는 방법이 된다. 실제로 이 둘 중 하나는 다른 것 없이 홀로 존재할 수 없다. 물론 그리스도의 의의 전가에 대한 성경적인 올바른 관점이 있다(웨슬리는 "우리의 의가 되신 주"라는 설교에서 그리스도의 의의 전가 교리의 올바른 성경적 의미를 다음과 같이 설명했다. "그리스도의 의가 신자에게 전가된다는 말의 의미가 무엇입니까? 모든 신자가 하나님께 죄 용서를 받고 용납되는 것은, 현재 그들 속에 있는 무엇이나 과거에 그들 속에 있었던 무엇, 또는 그들이 미래에 할 수 있을 무엇 때문이 아니라, 전적으로 오직 그리스도께서 그들을 위해 행하신 일과 고난받으신 일 때문이라는 사실입니다. 이것이 우리가 하나님의 은혜를 얻을 뿐 아니라, 그 은혜 안에 머무는 방법입니다. 우리는 처음에만이 아니라, 그 후에도 언제나 이 방법으로만 하나님께 나아갈 수 있습니다. 우리 영혼이 하나님께 돌아가기까지 우리는 이 유일하고 동일한 방법으로만 새 생명의 길을 걷습니다."-역주). 그러나 지금 우리가 다루려는 것은 오늘날 매우 일반적인 것이 된 칼빈주의적 해석, 곧 다음과 같은 주장이다. "전가에 의해 그리스도의 거룩함은 우리의 것이 된다. 그리스도 안에 있으면 우리는 하나님 보시기에 그리스도께서 거룩하신 것처럼 거룩하고, 그리스도께서 순결하신 것처럼 순결하게 된다. 하나님은 우리의 머리 되시는 그리스도를 보시고, 그리스도 안에 있는 우리를 보신다. 우리의 흠 없는 영광스러운 머리 되시는 그리스도 안에서 우리는 언제나 오직 완전할 따름이다." 이 교리는 이 책 2장에서 말한 칼빈주의를 형성하는 네 가지 기본 교리 중 하나로, 다른 중요한 전제들에 뒤따르는 논리적 귀결이다. 그리스도인이 때때로 죄에 빠지는 이상, 다른 교리를 가능하게 하는 '그리스도의 의의 전가' 교리가 없다면 '영원한 구원 보장' '값없이 주시는 은혜' '예정'과 같은 교리를 뒷받침하기는 불가능할 것이다. 그러나 두 가지 결정적인 사실이 칼빈주의적 그리스도의 의의 전가 이해의 잘못을 드러낸다. 그 두 가지를 지적하는 것만으로도 오류는 충분히 드러난다.

1. 방종하는 삶을 비난하는 신실한 칼빈주의자들은 비록 인정하려 하지 않지만, '그리스도의 의의 전가' 교리는 불가피하고 필연적으로 가장 저급

한 율법폐기론을 낳는다. 웨슬리는 율법폐기론을 "신앙을 통해 율법을 불필요한 것으로 만드는 교리"로 정의한다. 율법폐기론은 마치 파괴적인 재앙과도 같이 시간적 간격을 두고 반복되면서 기독교 세계를 파괴해 왔다. 그리고 그때마다 다음 세대에 나타난 강력한 지성을 지닌 사람의 반박할 수 없는 논거가 이를 억제해 왔다. 오늘날 우리는 그 '이후 세대'에 속해 살고 있다. 율법폐기론자들은 칭의를 "영원 전 하나님의 생각 속에서 이미 내려진 판결"이라고 주장하는 '이미 완성된 구원'(finished salvation) 교리 위에서 영적·도덕적으로 매우 무감각하게 되었다. 이 넘어지기 쉬운 길에 한번 들어서고 나면 그 이후로 계속 이어질 과도한 주장에는 한계가 없다. 다니엘 스틸 박사에 의하면, 율법폐기론자들은 심지어 "나는 그리스도께서 죽으셨을 때 이미 의롭게 되었다. 내가 신앙을 갖게 된 것은 단지 내가 이미 구원 받은 상태였다는 사실에 대해 깨달음을 얻은 것에 불과하다"고 주장한다. 존 플레처는 『두 번째 율법폐기론 경계』(Second Check to Antinomianism)에서 율법폐기론을 다음과 같이 매우 생생하게 묘사한다.

"그들은 자신들의 신학 체계 위에 가설을 쌓아 만든 탑을 세운 후, 그것으로 예수님의 율법과 복음에 대항한다. 주님의 율법은 '(네가 영생을 얻으려면) 네 마음을 다해 하나님을 사랑하고, 네 이웃을 네 자신같이 사랑하라'(참고. 눅 10:25-28), '네가 (영원한) 생명에 들어가려면 계명들을 지키라'(마 19:17)고 말씀한다. 그러나 그들은 이러한 주님의 말씀을 존중하고 순종하려 하지 않고 유감스러워한다. 그들은 '모세는 죽었다. 우리는 율법과 아무런 관계가 없다! 우리는 율법 아래 있지 않고 그리스도께 속해 있다. 예수님은 율법으로 다스리려 하는 율법수여자가 아니라, 우리를 구원하시는 구원자시다'라고 주장한다."

"복음은 그들에게 '회개하고 믿으라!'고 외친다. 그러나 그들은 마치 하나님이 회개하는 자 곧 믿음을 가진 죄인인 양, '주님이 모든 것을 다 하셔야 한다. 회개와 신앙은 그분의 사역이고, 그분의 권능의 날에 이루어질 것이다'라고 정성을 들여 말한다. 그들은 그렇게 아무런 저항도 하지 않고 버젓이 세상의 헛된 것과 육체의 정욕의 풍조를 따른다. 사도 바울은 '너희가 육신대로 살면 반드시 죽을 것이로되'(롬 8:13)라고 외쳤다. 그러나 그들은 '우리가 더 잘 안다. 복음에는 어떤 '만약'도, 조건도 없다'고 주장한다. 바울은 '오직 한 일 즉 뒤에 있는 것은 잊어버리고 앞에 있는 것을 잡으려고 푯대를 향하여 그리스도 예수 안에서 하나님이 위에서 부르신 부름의 상을 위하여 달려가노라'(빌 3:13-14)라고 말했다. 그런데 그들은 '무엇이라고? 우리를 생명을 얻기 위해 달리고 일하게 만들겠다고? 당신은 우리에게 우리 자신이 해야 할 일은 하나도 없고 모든 것이 이미 이루어졌음을 믿으라고 말하지 않고, 언제까지 율법에 매여 행하라는 말을 반복할 것인가?'라고 말한다. … 사도 베드로는 그들에게 '더욱 힘써 너희 믿음에 덕을 … 더하라 … 너희 부르심과 택하심을 굳게 하라'(벧후 1:5-10)고 명령했다. 그런데 그들은 '율법주의 같은 소리를 하다니! 약속은 언제나 굳건하고 확실하다. 우리의 덕이 우리를 구원하지도, 우리의 죄가 우리를 저주하지도 못한다'고 주장한다. 사도 요한 역시 '죄를 짓는 자는 마귀에게 속하나니'(요일 3:8)라고 선언했다. 그러나 그들은 '무엇이라고! 당신은 사람이 오늘은 하나님의 자녀였다 내일은 마귀의 자녀가 될 수 있다는 말로 우리를 아르미니우스주의자로 만들려 하는가?'라고 말한다. 유다는 논의를 종결지으며 '하나님의 사랑 안에서 자신을 지키며'(유 1:21)라고 명령한다. 그러나 그들은 태만하게 '우리에게는 아무것도 할 능력이 없다'고 답한다. 또 '그런 일을 하든 하지 않든 우리는 안전하다'고 말한다."

"그들은 율법폐기론적 신앙의 7중 방패를 가지고 열두 사도와 싸우고, 자신들의 상상 속에서는 승리자 이상으로 성공한 줄 안다. 그러나 그것은 오산이다. 그리스도께서는 엠마오로 가던 제자들이 알아보지 못하는 모습으로 그들에게 다가가신 것처럼 이들에게도 가서서 '하늘에 계신 너희 아버지의 온전하심과 같이 너희도 온전하라'(마 5:48)고 말씀하신다. 그들이 그분을 동정이나 놀라움으로 머리부터 발끝까지 살펴보면서 불손하게도 '당신이 완전주의자인 걸 보니, 어설픈 존 웨슬리의 추종자인가 보군! 그렇지 않나? 우리는 그리스도와 값없이 주시는 은혜만을 가르치네. 그러나 존 웨슬리와 당신은 완전과 자유의지를 주장하고 있어'라고 말하지 않는다면 다행일 정도다."

플레처의 글을 읽는 사람들은 "내가 들어 온 오늘날의 가르침과 매우 유사하다"며 놀라워한다. 사실이 그렇다! 그리고 그것이 바로 우리가 드러내려는 진실이다. 실제로 많은 사람이 자신이 말하는 방식 그대로 살고 있다고는 결코 생각하지 않으면서 이렇게 말한다. 그러나 지금까지 말한 모든 것 중 영원한 작정과 무조건적 예정이라는 칼빈주의 기본 교리와 정말로 충돌하는 것이 무엇인가? 우리가 율법폐기론과 칼빈주의식 '그리스도의 의의 전가' 이론 사이의 밀접한 연관성, 그리고 그것에 내포된 극단성과 어리석음을 드러내기 위해 플레처가 풍자한 율법폐기론자들의 기도를 인용하면 그 내용은 다음과 같다.

"한점 흠 없는 '당신의 의'의 옷을 우리 각자에게 꼭 맞는 예복으로 만들어 전가를 통해 우리에게 입혀 주심으로 우리의 벌거벗음이 영광스럽게 가려지게 하소서. … 주님, 당신의 전가된 의만이 당신의 율법과 복음이 요구하는 모든 것을 충족할 수 있습니다. 우리는 감히 금식하지 않습니다. 만약 그랬다면 우리는 율법주의자와 교황주의자로 불렸을 것입니다. 오직 당신께서 광야에서 40일 동안 금식하시고, 그 후로도 언제나 금욕하신 것이 우리에게 전가되면, 그것이 열 배나 우리를 의롭게 하기에 충분한 자기 부인이 될 것입니다. 우리는 감히 '자기 십자가를 지지' 않습니다. 주님께서 '자기 십자가'를 지시고 그 무거움에 기절하셨던 일을 우리에게 전가해 주소서. 우리는 '살기 위해 몸의 행실을 죽이지'(참고. 롬 8:13) 않습니다. 사람들은 그런 방법으로 생명을 얻기 위해 노력해 왔습니다. 그러나 우리가 '육체와 함께 그 정욕과 탐심을 십자가에 못 박는'(갈 5:24) 대신, 당신의 몸이 십자가에 못 박히신 것을 우리에게 전가해 주소서. 우리는 개인적으로 기도하는 것을 싫어합니다. 그러나 당신께서 기도의 의무를 사랑하신 것과 '산으로 가사 밤이 새도록'(눅 6:12) 하신 기도를 우리에게 전가해 주소서. 우리는 용서하기가 힘듭니다. 그러나 그 잘못은 당신께서 죽어 가는 강도에게 베푸신 그 용서를 우리에게 전가해 주신다면 충분히 가려질 것입니다. 만약 그것으로도 부족하다면 간청하옵기는, 당신께서 '너희가 사람의 잘못을 용서하면 너희 하늘 아버지께서도 너희 잘못을 용서하시려니와'(마 6:14)라고 하신 그 명언의 공로까지 추가해 주소서. 우리는 세관장을 속이고 돈을 적게 냈지만 상관없습니다. '가이사의 것은 가이사에게 바치라'(마 22:21)고 하신 훌륭한 조인과 함께 정확히 우리가 내지 않은 액수만큼을 우리에게 전가해 주소서."

"우리가 자녀를 허영심으로 양육한 것은 사실입니다. 그러나 주님께서는 양육할 자녀가 한 명도 없었습니다. 그러니 주님의 자비로 편법을 동원해 자녀를 바르게 양육하는 것 대신 주님께서 부모에게 하셨던 순종을 우리에게 전가해 주실 수 있지 않으십니까? 그리고 만약 우리가 잘못된 태도로 성례를 받았는데, 주님께서 훌륭하게 성례를 받으신 것으로 우리 죄를 덮으실 수 없다면, 주님께서 훌륭하게 성례를 제정하신 그 사실 자체로 우리를 도와주소서. 그것도 크게 유익할 것입니다."

"요약하자면, 주님께서 값없이 우리를 당신의 자녀로 삼아 당신의 완전한 의를 우리에게 전가해 주소서. 당신의 의를 우리의 더러운 영혼과 타락한 몸을 덮는 망토로 우리 위에 던져 주소서. 우리는 아무런 의도 가지지 않을 것이고 오직 당신의 의만 가질 것입니다. 간절히 구하노니 우리 자신의 의와 개인적 거룩함에 대해서는 아무 말씀도 하지 마옵소서. 그런 것들은 '더러운 누더기'이기에, 주님의 순결함은 그런 것을 천국으로 가져가실 수 없습니다. 그러니 그런 것 없이 우리를 받아 주시옵소서. 그러면 우리는 '값없이 주시는 은혜! 그리스도의 의의 전가! 영생에 이르기까지 이미 완성된 구원!'을 외치겠나이다."

이 정도로 멈추는 것이 좋지 않겠는가? 칼빈주의식 '그리스도의 의의 전가' 주장이 우리에게 초래할 더 심각한 극단이 더는 없겠는가? 물론 있다. 경건한 칼빈주의자들을 당황스럽게 하고 깊이 한탄하게 만들 정도로 극단을 완화하기보다 더 논리적으로 강화하는 사람들은 언제나 있어 왔다. 그중 한 사람인 크리스프(Crisp) 박사는 당대에 수많은 추종자가 있었는데, 칼빈주의적 추론을 다음과 같이 한층 더 심화시켰다.

"신자는 어떤 죄, 심지어 간음과 살인을 저질러도 곧바로 용서를 확신할 수 있다. 신자에게는 죄로 인한 슬픔이 조금도 있을 수 없다. 그렇지 않다면 그는 그리스도의 길에서 벗어나 있는 것이다. 비록 신자가 자주 죄를 짓더라도 하나님은 더는 노하지 않으신다. 신자가 범한다 해서 그들에게 해를 끼칠 수 있는 죄는 결코 없다. 그러므로 죄가 해를 끼칠 수 없는 이상 죄를 범했다 해서 두려워할 필요는 전혀 없다. 죄는 무지한 아이들에게 두려움을 일으키는 허수아비나 도깨비 같은 것에 불과해, 이해력이 있는 사람이라면 그것들이 가짜임을 안다. 신자에게 죄는 죽은 것이므로 죽은 사자나 마찬가지로 더는 무서워할 이유가 없다. 만약 우리가 신자에게 이렇게 저렇게 경건하게 행하고 이런저런 선을 행하지 않으면 하나님께서 노하실 것이라고 말한다면, 우리는 성경을 오용하고, 그리스도께서 하신 일을 헛되게 하며, 신자에게 해를 끼치고, 하나님의 면전에서 거짓말하는 것이다."

만약 자신을 그리스도인이라 부르는 모든 사람이 이런 불경한 교리가 허용하는 일들을 실제로 행동으로 옮긴다면 어떤 부도덕과 혼란이 초래될지 상상해 보라.

이것을 존 플레처는 "본 모습을 드러낸 칼빈주의"(barefaced Calvinism)라고 불렀다. 이것이 가면을 벗은 칼빈주의다. 독자들은 칼빈주의의 논리를 끝까지 따라가면 가장 심각한 율법폐기론과 떼어놓을 수 없게 된다는 사실을 알지 못하겠는가? 크리스프 박사의 그런 잘못된 가르침에 반대한 당시의 53명의 칼빈주의 신학자들과 오늘날 그런 해로운 극단적 주장에 반감을 품는 많은 칼빈주의자는, 그런 것이 자신들이 믿는 교리의 논리적 확장이자 실제적 적용이라는 단순한 사실을 의도적으로 부인하려 한다.

그러나 유명한 스코필드 박사조차도 『진리의 말씀의 올바른 분별』(p. 53)에서 율법폐기론을, 하나님께서 값없이 주시는 은혜로 인해 그리스도인이 "거룩하게 살라는 요구를 받지 않는다"는 주장으로 정의하면서 경계했다. 58페이지에서 그는 이 잘못된 주장이 "소름 끼친다"고 표현했다. 이 말에 따르면 마치 스코필드 박사는 그리스도인이 거룩한 삶을 살아야 한다고 믿는 것처럼 보인다. 그는 그리스도인이 율법폐기론을 멀리해야 한다고 말한 것이기 때문이다. 그러나 기이하게도 그리스도인이 거룩한 삶을 살아야 한다고 말한 그가 자신의 책에서 또 다른 말을 한다. 그는 59페이지에서 "신자의 삶의 규칙은 무엇인가?"라는 질문에 한 단락을 할애해, 신자가 거룩하고 순종적이며 한결같은 삶을 살아야 한다고 권고하며 명령하는 신약의 구절들을 한 페이지 반이나 인용한다. 문제는 신자가 거룩한 삶을 살지 못한다면, 곧 그가 정말로 구원받은 이후에 다른 많은 사람처럼 '삶의 규칙'을 지키는 일을 그만두게 된다면, 그가 그것 때문에 영생을 잃는가 하는 것이다. 스코필드 박사는 '영원한 구원 보장'의 교리를 매우 분명히 믿기 때문에, 단호히 "그렇지 않다"고 답할 수밖에 없을 것이다. 그런데도 그는 거룩한 삶이 반드시 필요하다고 말할 수 있는가? 만약 거룩한 삶이 반드시 필요하다면, 그것이 구원의 조건이라는 뜻이 된다. 그리고 그것이 구원의 조건이라면, 그 조건이 더는 충족되지 못할 경우 구원을 박탈당한다(참고. 히 12:14, "거룩함을 따르라 이것이 없이는 아무도 주를 보지 못하리라"-역주). 따라서 그런 조건적 구원을 믿지 않는 칼빈주의자들은 비록 신자가 거룩한 삶을 살아야 한다고는 말하더라도, 그것이 반드시 필요하다고 말할 수는 없게 된다. 그래서 스코필드 박사는 거룩한 삶이 반드시 필요하지는 않다는 율법폐기론자들을 거부하는 것 같으면서도, 동시에 거룩한 삶은 반드시 필요하다는 아르미니우스주의자들에게 반대할 수밖에 없다! 독자들은 분명히 '그리스도의 의의 전가', '신분과 상태', 그리고 그런 유의 모든 칼빈주의 교리가, 과거에 회심한 적이 있는 사람들의 삶에서 명백히 존재하는 죄 문제를 어떤 식으로든 처리해 '영원한 구원 보장'과 '영원한 선택'의 교리를 합리화하려는 시도임을 감지할 것이다. 또 율법폐기론을 조장하는 일련의 칼빈주의 교리들을 포기하지 않는다면, 율법폐기론의 폐해를 완전히 멀리하는 것이 불가능함을 알 것이다. 그리고 모순을 조화롭게 만들어 원인은 포기하지 않은 채 그 위험한 결과만을 제거하고자 필사적으로 노력하는 훌륭한 사람들은, 로우리의 말처럼, "신학적 편견을 제거하는 것은 캐나다 엉겅퀴를 제거하는 것만큼이나 어렵다"는 사실을 보여 주는 증거가 된다.

플레처는 이 점을 리처드 힐(Richard Hill)과 롤랜드 힐(Rowland Hill)에게 보낸 편지에서 다음과 같이 정확히 언급했다(Checks, V. 1, p. 283). "여러분은 악취나는 괴물인 율법폐기론을 혐오하십니까? 나는 만약 율법폐기론이 여러분이 인정하고 가장 중요하게 여기는 다른 교리들과 분리할 수 없도록 연결되어 있지만 않다면, 여러분은 실천적 율법폐기론을 몹시 싫어하고, 또 교리적 율법폐기론을 기꺼이 반대할 것이라는 사실을 압니다."

2. 비록 대단하게 들리지는 않을 수도 있겠지만 그리스도의 의의 전가 교리에 대한 두 번째 지적사항은 훨씬 파괴적인데, 이는 그 교리가 성경적 지지를 받지 못한다는 것이다. 존 웨슬리는 "그리스도의 개인적인 의가 우리에게 전가된다는 말은 성경 어디에도 없습니다. 그 교리에 대한 명확한 진술을 담고 있는 성경 구절은 한 구절도 발견되지 않습니다"라고 말한다. 벤자민 필드(Benjamin Field) 목사는 『학생들을 위한 기독교 신학 안내서』(The Student's Handbook of Christian Theology) 199페이지에서 심지어 로마서 4장, 곧 "모든 증거를 담고 있는 것으로 여겨져 온" 본문조차도 "그리스도의 의의 전가 교리를 전혀 지지하지 않는다. '의를 위해 믿음이 전가되었다'는 말씀은 반복되지만, 그리스도께서 율법(도덕법)에 순종하신 것이 사람에게 전가된다고 말씀하는 곳은 어디에도 없다"는 사실을 밝힌다.

우리가 조금만 주의 깊게 생각하고 공부해 보면, '신분'의 변화와 긴 시간에 걸쳐 이루어지는 '상태'의 변화를 분리하는 것만큼이나 그리스도의 의의 전가와 거룩함의 실제적인 분여를 분리하는 것이 비성경적임을 알 수 있다. '전가하다'(impute)라는 말은 어떤 특별한 자질을 특정한 대상의 것으로 돌리는 것을 의미한다. 우리는 특정한 친구에게 관대함이라는 자질을 전가할(돌릴) 수 있다. '분여하다'(impart)라는 말은 더 강력하고 적극적인 용어로, 특별한 자질의 일부를 타인에게 실제로 주는 것을 의미한다. 누군가에게 전가한(돌린) 자질은 그 개인의 특성 속에 실제적으로 나타날 수도, 그렇지 않을 수도 있다. 그러나 그에게 특별한 자질을 분여하는 것은, 그가 과거에 어떤 사람이었든 그 자질을 실제로 갖추게 한다. 관대함을 친구에게 전가하는 것은, 과연 그가 실제로 그런가 하는 의문의 여지를 남긴다. 그러나 자신의 관대함을 분여해 다른 사람의 본성의 일부로 만들 수 있다면, 이는 그 자질이 그에게 실제로 있는가 하는 의문을 더는 남기지 않는다. 이 경우 전가의 진실성은 분여로 입증될 것이다. 이와 같이 하나님께서 우리에게 의를 전가하신다는 것은, 우리에게로 전가한(돌린) 자질을 우리가 실제로 소유할 가능성에 대한 부인이 아니다. 그러나 인간 본성 안에 있는 실제적 의는 스스로에게서 난 것이 아니라 다른 존재에서 유래된 것이므로, 분여된 것일 수밖에 없다. 하나님께서는 당연히 자신의 의를 분여해 인간의 본성에 심어 주심으로 그것이 인간 존재의 근본적인 일부가 되게 하신다. 하나님께서는 오직 그렇게 하심으로 자신이 전가하신 것을 정당화하실 수 있다. 확실히 전가된 의는 분여된 의를 필연적인 것으로 만든다. 사람의 심장과 폐부를 살피시는(렘 17:10) 하나님은 사람이 실제로는 의롭지 않은데 그를 정말로 의롭다고 생각하실 수 없다. 그리고 사람은 실제로 의로워지는 변화를 동반하지 않은 채로는 의롭게 될 수 없다. 따라서 오직 분여된 의가 뒤따를 때만 전가된 의는 합법적인 것이 될 수 있다. 만약 분여된 의가 존재하지 않는다면, 의의 전가 교리는 무익한 추측에 불과할 것이다. 성경을 자세히 살펴보면 이를 뒷받침하고 있음을 알 수 있다. 성경은 분여된 의(특히 사람의 내면의 상태를 가리키는 성결)를 훨씬 더 강조하기 때문이다. 이를 입증하는 데는 그중 두세 구절을 살펴보는 것만으로도 충분할 것이다.

 로마서 5:12-21은 첫 번째 아담과 두 번째 아담을 대조하고 있(고전 15:22, 45도 보라). 바울은 우리에게 첫 번째 아담의 저주와 두 번째 아담의 회복시키시는 사역 사이에는 유사한 양상이 있음을 보여 준다. 그리스도의 위대한 사역은 구속적이어서 타락한 사람을 그 잃어버린 상태로 회복시킨다. 그러나 그 구원이 온전한 것이 되려면 두 번째 아담은 첫 번째 아담의 모든 패배를 승리로, 모든 저주를 복으로, 모든 더러움을 정결함으로 바꾸셔야 한다. 첫 번째 아담과의 싸움은 단지 종류만이 아니라 시간에서도 이루어져야 한다. 즉, 질병이 이 세상에서의 삶에 해를 끼친 것과 마찬가지로, 그 치료약은 이 세상에서의 삶을 건강하게 회복시켜야 한다. 비록 타락으로 인한 많은 신체적 영향과 '부작용'까지 지금 당장 고침을 받지는 못하더라도, 그리스도께서는 죄라는 실제적인 병폐에 대해서만큼은, 마치 첫 번째 아담이 이 세상에서 사람들을 망쳐 놓았듯, 이 세상에서 사람들을 회복시킬 능력이 있는 분이심을 입증하셔야 한다. 그분은 죽음을 영생으로, 저주를 칭의로, 악함을 실질적 의로움으로 바꾸셔야 한다.

 이 말을 현재 우리가 다루고 있는 문제에 적용해 보자. 우리는 아담의 죄로 죽었으나, 그리스도의 의를 통해 산다. 그러나 한 사람의 범죄로 우리가 죽었다는 것은, 아담 한 사람만 실제로 죄가 있고, 우리는 의로운 상태라거나, 그의 악함이 단지 우리에게 전가되었음을 의미하지 않는다. 아담의 범죄와 그것이 초래한 타락으로 우리 역시 개별적이고 실제적으로 범죄자가 되었고, 따라서 우리는 우리 스스로가 지은 죄로 인해 저주를 받았다. 이는 누구도 반박할 수 없는 확고한 진리다. 그런데 두 번째 아담에 대해서는 무슨 근거로 그것과 다른 관계를 주장하는가? 첫 번째 아담의 죄가 모든 사람의 본성을 오염시킨 것처럼 그리스도의 속죄의 피는 사람의 본성을 정결하게 한다. 아담이 단지 전가에 의해서만 우리를 오염시켰다는 것이 말이 되지 않듯, 그리스도께서 우리를 전가에 의해서만 정결하게 하신다는 것은 말이 되지 않는다. 두 번째 아담은 우리의 실제 본성을 변화시키는 일에 첫 번째 아담보다 더 큰 능력을 가지고 계시지 않다는 것인가? 그렇지 않다. 전가된 의만이 아니라, 우리의 의가 개인적이고 실제적인 것이 되게 하는 분여된 의가 모든 신자에게 주어진다는 사실은 참으로 다행이다. 이는 신분상의 변화만이 아닌 상태의 변화이기도 하다.

따라서 그리스도의 의를 통해 구원받는다는 것이, 그분의 의가 그분과 우리 모두를 위해 충분하기에, 우리는 여전히 죄가 많은 상태임에도 단지 그분의 의가 우리에게 전가된다는 의미는 아니다. 이미 지적한 대로, 성경은 어디서도 그런 식의 전가 개념을 말씀하지 않는다. 그보다는 그리스도께서 그분의 의로 불의의 오랜 통치를 깨뜨리셨고, 그분의 죽음으로 우리가 죄에 승리해 각 개인이 정결하게 되는 것이 가능하게 하셨다고 말할 수 있다. 이는 결코 그리스도와 관계없는 독립적인 의가 아니다. 이 의는 한결

같이 그리스도 안에 거하고, 한결같이 그분의 피를 의지함으로만 유지될 수 있다. 아울러 비록 포도나무 가지의 의는 포도나무로부터 받은 것이지만 전가 그 이상의 것이다. 그 의는 실제적으로 가지의 조직과 잎 속에 존재한다.

죄인들은 아담을 닮아 각 개인이 모두 죄가 많다는 점에서 아담의 자녀다. 구원받은 신자들은 둘째 아담을 닮아 각 개인이 실제로 의롭다는 점에서 둘째 아담의 자녀다. "한 사람이 순종하지 아니함으로 많은 사람이 (단지 '죄를 전가 받은 사람'이 아닌 실제의) '죄인 된' 것같이 한 사람이 순종하심으로 많은 사람이 (단지 '의를 전가 받은 사람'이 아닌 실제의) '의인이 되리라'"(롬 5:19).

다른 구절들도 잠시 살펴보자. 히브리서 12:10("그들은 잠시 자기의 뜻대로 우리를 징계하였거니와 오직 하나님은 우리의 유익을 위하여 그의 거룩하심에 참여하게 하시느니라")은 하나님께서 우리를 징계하시는 목적이 우리로 그분의 거룩하심에 참여하게 하시기 위함이라고 말씀한다. 하나님의 거룩하심에 '참여'하는 것은 분명 구원에 필수적이다. 뒤따르는 14절은 "거룩함이 없이는 아무도 주를 보지 못하리라"라고 말씀하기 때문이다. 또 야고보서 1:21은 "그러므로 모든 더러운 것과 넘치는 악을 내버리고 너희 영혼을 능히 구원할 바 마음에 심어진 말씀을 온유함으로 받으라"라고 말씀한다. 말씀이 마음에 '심어졌다'는 것은, 그 의미에 대한 모든 의문을 내쫓을 정도로 매우 분명하다. 즉, 말씀이 사람의 본성의 일부가 되거나 그것에 이식되었다는 것이다. 이 구절은 하나님께서 이러한 거룩함의 실제적인 분여를 통해 영혼을 구원하신다는 사실을 말씀한다.

베드로후서 1:4도 "이로써 그 보배롭고 지극히 큰 약속을 우리에게 주사 이 약속으로 말미암아 너희가 정욕 때문에 세상에서 썩어질 것을 피하여 신성한 성품에 참여하는 자가 되게 하려 하셨느니라"라고 말씀한다. 일련의 놀라운 약속들은 매우 중요한 무엇에만 주어진다. 너무나도 필요한 이 신적 본성의 분여가 이 세상에서 성취된다는 사실은, 다양한 자질들을 우리의 경험에 더하라고 권면하는 말씀을 통해 분명하게 입증된다. 이 모든 자질은 분명 지금 우리에게 더해져야 한다. 그러나 그보다 앞서는 것이 신성한 본성의 분여와, 정욕 때문에 세상에서 썩어질 것들에서 깨끗하게 되는 것임을 우리는 그 앞 구절을 통해 추론할 수 있다.

그렇다면 이 세상 삶에서 사람을 구원하시는 하나님의 실제적인 방법은 전가보다는 분여를 통해서라는 사실은 피할 수 없다.

'신분과 상태', '전가된 의'라는 이론의 근본적인 오류는, 그것들이 신자의 본성의 변화가 순간적이고 기적적인 은총으로 이루어지는 역사임을 부인하고 오직 점진적 과정의 문제로만 여긴다는 데 있다. 하나님과의 관계에서 신자의 신분이 순간적으로 불신자에서 신자로, 저주에서 칭의로, 사탄의 자녀에서 하나님의 자녀로 바뀐다는 주장은 옳다. 그러나 칼빈주의자들의 주장에 따르면, 신자의 내적 상태가 억제되고 연단 받고 교정되어 결국 그리스도 안에서 얻은 신분과 유사한 상태가 되는 것은, 오직 일평생이 걸리는 매우 더딘 성장의 과정에 의해서만 이루어진다. 그 과정은 너무나 느려 비록 한 사람이 100년 동안이나 신자로 살았더라도, 그의 상태는 여전히 거룩하지 못해 자신에게 주어진 신분에 사실상 걸맞지 않을 수 있다. 그런 주장은 하나님께서 사람의 영혼을 순간적으로 변화시켜 한 순간에 죄인을 거룩하게 바꾸실 능력이나 의도를 가지고 계시다는 사실을 부인하는 것이다. 그들이 말하는 것은 신앙에 의해 현재적으로 이루어지는 순간적 변화가 아니라, 느리고도 고통스러운 자기 노력의 과정에 의해 이루어지는 변화다. 그리스도인의 특성과 경험이 많은 점진적 변화를 겪는다는 점은 의문의 여지가 없다. 예를 들어, 신앙적 체험이 평범한 사람들의 지성과 인격을 변화시키는 방식은 언제나 놀라운 경외심을 불러일으킨다. 또 내주하시는 성령의 지속적인 영향 아래에서는 풍성한 영적 열매뿐 아니라 일반적인 교양에서도 진전이 있다. 그러나 앞서 '상태와 성숙도'에 관해 다루면서 지적한 것처럼(4장 참고), 이 모든 빛, 지식, 능력에서의 성장은, 마치 찔레나무가 화석류 나무가 되는 것 같은 '종'(kind)의 변화(참고. 사 53:13-역주)가 아닌, 단지 '정도'(degree)의 변화일 뿐이다. 그것은 이미 기독교화된 본성이 자연스럽게 성장하는 것이다. 이를 이해하는 데는 전혀 어려움이 없다. 기독교의 초자연적 근원과 능력에 대한 가장 확실한 증거는, 나약한 죄인이나 악한 속물이 즉시 변화를 받아 진지하고 헌신된 성도가 되어, 지금의 거룩한 삶이 이전의 불경건함만큼이나 확고하고도 자연스러운 것이 되는 기적이다. 신학적 오류의 잔해 아래 묻혀 교회에서 사멸되지 않도록 우리가 주장하는 성경적 진리는, 성령께서 중생과 완전 성화라는 급격한 변화를 통해 신자의 내면에 일으키시는 이러한 본성의 변화다.

6장 속죄와 죄 짓는 기독교

"유명한 교회의 강단들 중 흔히 죄를 대항하기보다

오히려 옹호하면서 많은 말을 하지 않는 곳이 어디 있는가?"

– 존 플레처

칼빈주의자들은 거듭난 신자와 죄의 관계를 어떻게 이해하는지에 따라 여러 그룹으로 나뉜다. 따라서 6장의 주제는 조심스럽게 접근할 필요가 있다. 모든 칼빈주의자가 그리스도인의 삶에 대해 낮은 기준을 가졌다고 가정하는 것은 부당한 일이 될 것이기 때문이다. 어떤 칼빈주의 설교자는 회개를 충실하게 가르치는 일에서 건전하고도 엄격하다. 어떤 설교자는 기준에 미치지 못하는 것보다 그 이상으로 살아가는 것이 그리스도인의 특권임을 가르쳐 부도덕함이나 죄에 계속 패배하는 일에 어떤 빌미도 주지 않는다. 그러나 이런 높은 기준을 가진 다양한 그룹 아래에는 결코 인정받을 수 없는 주장을 하는 많은 칼빈주의자가 있다. 회개에 대한 성경말씀에는 전적으로 침묵하면서 "오직 믿으라! 믿기만 하라"고 외치는 사람이 너무나 많다. 절대다수의 칼빈주의자는 여전히 그리스도인이라도 죄 없이 살 수는 없다고 주장한다. 혹 더 현대적인 어법을 사용하더라도 그들은 여전히 그리스도인이

"생각과 말과 행동으로" 날마다 죄를 지을 수밖에 없다고 분명하게 주장한다. 심지어 그리스도인의 삶에 대해 가장 높은 기준을 가진 칼빈주의 그룹조차도 '영원한 구원 보장' 교리에 기초해 타락한 사람, 심지어 가장 수치스럽게 타락한 사람도 부득불 여전히 그리스도인으로 여긴다. 그들은 눈을 꼭 감고 침을 삼킨 후, 잘못을 저지르는 사람들을 '죄 짓는 성도'(sinning saints)라고 말한다. 헬라어에서 '성도'는 '거룩한 사람'을 의미하므로, 어떻게 그들은 타락한 사람을 '거룩하지 않은 거룩한 사람'(unholy holy one)이라 부르는 명백한 모순에 아랑곳하지 않을 수 있는지 놀랍다.

문제를 더 복잡하게 만드는 것은, 현대의 많은 칼빈주의자가 '이미 완성된 구원' 교리를 매우 논리적인 것으로 받아들이는 것인데, 이는 회개의 필연성을 파괴한다. 우리가 앞에서 살펴본 대로, ('무조건적 선택'과 속죄에 대한 '만족설'의 이해를 보완하는) '이미 완성된 구원'이라는 칼빈수의 교리는, 갈보리 십자가는 용서의 가능성만 열어 준 것이 아니라 용서를 실제로 부여했고, 그 용서는 택자의 모든 죄, 곧 과거와 현재와 미래의 모든 죄에 해당된다. 그러나 만약 미래의 죄까지 이미 용서를 받았다면, 사람이 죄를 지었을 때 왜 그것을 회개해야 하며, 심지어 왜 죄를 피하기 위해 노력해야 하는가? '이미 완성된 구원' 교리는 회개를 전적으로 불필요하고 어리석은 시간 낭비가 되게 하는 것이 분명하다. 그러면 왜 그 교리를 믿는 많은 설교자가 여전히 회개를 설교하는가? (그들의 교리로는 억누를 수 없는) 그들 내면의 영적 감각이 그것을 요구하고, 성경에도 분명히 기록되어 있으며, 인간의 실제적 경험을 통해서도 그 필연성을 느끼기 때문이다. 그럴지라도

'회개'의 교리와 '이미 완성된 구원' 교리를 신학적으로 조화시키려는 시도는 헛될 뿐이다.

그렇다면 우리는 어떻게 결론지어야 하는가? 바로 이것이다. 즉, 비록 가장 영적인 칼빈주의자들이 '죄 짓는 기독교'에 대해 한탄하고, 그것이 일반적인 것이 되는 일을 허용하려 하지 않더라도, 그들조차 '그리스도의 의의 전가'와 '영원한 구원 보장' 교리에 의거해 그리스도인이 죄를 지을 수밖에 없음을 인정한다는 것이다. 이런 이유로 칼빈주의는 '죄 짓는 기독교'를 인정하고 암묵적으로 가르친다고 판단하는 것은 정당하다.

우리는 그런 신학 체계에 반대해 정확한 성경적 입장이 무엇인지 밝힐 것이다. 그리스도의 사역의 목적은 죄를 사람에게서, 사람을 죄에서 분리하는 것임을 분명히 말씀하는 성경구절은 매우 많다. 회개는 하면 좋고 하지 않아도 되는 것이 아니라, 반드시 해야 한다.

1. "예수께서 들으시고 그들에게 이르시되 건강한 자에게는 의사가 쓸데없고 병든 자에게라야 쓸 데 있느니라 나는 의인을 부르러 온 것이 아니요 죄인을 부르러 왔노라 하시니라"(막 2:17).

- "내가 의인을 부르러 온 것이 아니요 죄인을 불러 회개시키러 왔노라"(눅 5:32).

- "이스라엘에게 회개함과 죄 사함을 주시려고 그를 오른손으로 높이사 임금과 구주로 삼으셨느니라"(행 5:31).

- "알지 못하던 시대에는 하나님이 간과하셨거니와 이제는 어디든지 사람에게 다 명하사 회개하라 하셨으니 이는 정하신 사람으로 하여금 천하를 공의로 심판할 날을 작정하시고 이에 그를 죽은 자 가운데서 다시 살리신 것으로 모든 사람에게 믿을 만한 증거를 주셨음이니라 하니라"(행 17:31-31).

이 같은 말씀은 모두 마태복음 9:13의 "나는 의인을 부르러 온 것이 아니요 죄인을 부르러 왔노라"라는 말씀과 동일하게 회개의 필요성을 가르친다. 요한1서 1:9("만일 우리가 우리 죄를 자백하면 그는 미쁘시고 의로우사 우리 죄를 사하시며 우리를 모든 불의에서 깨끗하게 하실 것이요")과 이사야 55:7("악인은 그의 길을, 불의한 자는 그의 생각을 버리고 여호와께로 돌아오라 그리하면 그가 긍휼히 여기시리라 우리 하나님께로 돌아오라 그가 너그럽게 용서하시리라")은 죄를 철저히 자백하고 버리는 것을 회개로 정의하면서, 그리스도의 오심과 부르심의 목적이 죄인을 그들의 죄에서 분리하는 것이라고 말씀한다. 성경이 그처럼 위대하신 분의 위대한 오심의 목적으로 가르치는 것이라면, 참된 신앙을 위해 매우 근본적이고 필수적인 것으로 여겨야 함은 분명하다.

2. "아들을 낳으리니 이름을 예수라 하라 이는 그가 자기 백성을 그들의 죄에서 구원할 자이심이라 하니라"(마 1:21).

- "하나님이 그 종을 세워 복 주시려고 너희에게 먼저 보내사 너희로 하여금 돌이켜 각각 그 악함을 버리게 하셨느니라"(행 3:26).

- "내가 비옵는 것은 그들을 세상에서 데려가시기를 위함이 아니요 다만 악에 빠지지 않게 보전하시기를 위함이니이다"(요 17:15).

- "죄로부터 해방되어 의에게 종이 되었느니라"(롬 6:18).

- "그러나 이제는 너희가 죄로부터 해방되고 하나님께 종이 되어 거룩함에 이르는 열매를 맺었으니 그 마지막은 영생이라"(롬 6:22).

이 외에도 동일한 가르침은 다음 구절들에서도 찾을 수 있다.

- "그리스도께서 하나님 곧 우리 아버지의 뜻을 따라 이 악한 세대에서 우리를 건지시려고 우리 죄를 대속하기 위하여 자기 몸을 주셨으니"(갈 1:4).

- "하물며 영원하신 성령으로 말미암아 흠 없는 자기를 하나님께 드린 그리스도의 피가 어찌 너희 양심을 죽은 행실에서 깨끗하게 하고 살아 계신 하나님을 섬기게 하지 못하겠느냐"(히 9:14).

- "그리스도께서 이미 육체의 고난을 받으셨으니 너희도 같은 마음으로 갑옷을 삼으라 이는 육체의 고난을 받은 자는 죄를 그쳤음이니 그 후로는 다시 사람의 정욕을 따르지 않고 하나님의 뜻을 따라 육체의 남은 때를 살게 하려 함이라"(벧전 4:1-2).

비록 '~에서'(from) 구원하신다는 표현을 사용하지 않았어도 같은 내용을 말씀하는 구절들은 다음과 같다.

- "이튿날 요한이 예수께서 자기에게 나아오심을 보고 이르되 보라 세상 죄를 지고 가는 하나님의 어린양이로다"(요 1:29).

- "곧 창세 전에 그리스도 안에서 우리를 택하사 우리로 사랑 안에서 그 앞에 거룩하고 흠이 없게 하시려고"(엡 1:4).

- "그런즉 너희가 어떻게 행할지를 자세히 주의하여 지혜 없는 자 같이 하지 말고 오직 지혜 있는 자같이 하여 세월을 아끼라 때가 악하니라 그러므로 어리석은 자가 되지 말고 오직 주의 뜻이 무엇인가 이해하라"(엡 5:15-17).

- "우리를 양육하시되 경건하지 않은 것과 이 세상 정욕을 다 버리고 신중함과 의로움과 경건함으로 이 세상에 살고"(딛 2:12).

- "하물며 영원하신 성령으로 말미암아 흠 없는 자기를 하나님께 드린 그리스도의 피가 어찌 너희 양심을 죽은 행실에서 깨끗하게 하고 살아 계신 하나님을 섬기게 하지 못하겠느냐"(히 9:14).

- "이와 같이 그리스도도 많은 사람의 죄를 담당하시려고 단번에 드리신 바 되셨고 구원에 이르게 하기 위하여 죄와 상관없이 자기를 바라는 자들에게 두 번째 나타나시리라"(히 9:28).

- "오직 너희를 부르신 거룩한 이처럼 너희도 모든 행실에 거룩한 자가 되라"(벧전 1:15).

- "죄가 있어 매를 맞고 참으면 무슨 칭찬이 있으리요 그러나 선을 행함으로 고난을 받고 참으면 이는 하나님 앞에 아름다우니라 이를 위하여 너희가 부르심을 받았으니 그리스도도 너희를

위하여 고난을 받으사 너희에게 본을 끼쳐 그 자취를 따라오게 하려 하셨느니라 그는 죄를 범하지 아니하시고 그 입에 거짓도 없으시며 욕을 당하시되 맞대어 욕하지 아니하시고 고난을 당하시되 위협하지 아니하시고 오직 공의로 심판하시는 이에게 부탁하시며 친히 나무에 달려 그 몸으로 우리 죄를 담당하셨으니 이는 우리로 죄에 대하여 죽고 의에 대하여 살게 하려 하심이라 그가 채찍에 맞음으로 너희는 나음을 얻었나니"(벧전 2:20-24).

- "죄를 짓는 자마다 불법을 행하나니 죄는 불법이라 그가 우리 죄를 없애려고 나타나신 것을 너희가 아나니 그에게는 죄가 없느니라 그 안에 거하는 자마다 범죄하지 아니하나니 범죄하는 자마다 그를 보지도 못하였고 그를 알지도 못하였느니라 자녀들아 아무도 너희를 미혹하지 못하게 하라 의를 행하는 자는 그의 의로우심과 같이 의롭고 죄를 짓는 자는 마귀에게 속하나니 마귀는 처음부터 범죄함이라 하나님의 아들이 나타나신 것은 마귀의 일을 멸하려 하심이라 하나님께로부터 난 자마다 죄를 짓지 아니하나니 이는 하나님의 씨가 그의 속에 거함이요 그도 범죄하지 못하는 것은 하나님께로부터 났음이라 이러므로 하나님의 자녀들과 마귀의 자녀들이 드러나나니 무릇 의를 행하지 아니하는 자나 또는 그 형제를 사랑하지 아니하는 자는 하나님께 속하지 아니하니라"(요일 3:4-10).

이와 같이 그리스도의 오심과 사역의 목적은 사람을 죄에서 구원하시는 것이다. 그분의 부르심의 목적은 사람을 죄에서 분리하는 것이고, 그분의 사역의 목적은 죄를 사람에게서 분리하는 것, 또는 그 분리를 가능하게 하는 것이다. 또 우리는 그분의 부르심과 사역에서 상호 간의 책임, 즉 그리스도께만 해당되는 책임과, 그 구원의 실제적 완성을 위해 각 개인에게 주어진 책임 모두를 발견한다. 이 구절들 중 첫 번째 그룹(1)은 인간의 책임에 대해, 두 번째(2)는 하나님의 책임에 대해 말씀한다.

두 번째 그룹의 성경구절들에서 우리는 '~에서'(from)라는 말을 마땅히 강조해야 하는데, 이는 그 말이 실제적 분리를 의미하기 때문이다. 일부 구절은 실제적인 죄를 말씀하고, 다른 구절은 내적인 죄의 경향성을, 또 다른 구절은 세상의 악함을 말씀하고 있기에, 이 개인적 분리는 모든 형태의 죄에서의 분리임을 알 수 있다. 본문에서 다음 사항을 관찰할 수 있음에 주목하라.

1. 이 구절들에는 사람들이 (심지어 그리스도인들이) '죄를 짓는 중에도'(in his sins) 또는 '죄에도 불구하고'(in spite of his sins) 구원받는다는 암시가 전혀 들어 있지 않다. 그들은 '죄에서'(from them) 구원받는다.

2. 이 구절들은, 마치 커튼이 나쁜 그림을 가리거나 땅을 뒤덮은 눈이 쓰레기 더미를 가리듯, 하나님께서 인간이 지은 죄와 죄 많은 본성을 알아차려 저주하시지 않도록 하나님의 성자의 의가 그 둘 사이에 개입해 둘을 분리한다고 말씀하지 않고, 오히려 사람의 죄가 사람 자신에게서 분리되어야 함을 말씀한다. 곧 그리스도를 그저 가려만 주는 커튼이 아닌 정결하게 하시는 분, 땅을 뒤덮은 눈이 아닌 연단해 깨끗하게 하는 불(말 3:2-3)로 묘사한다.

3. 이 구절들은 속죄의 효력이 단지 죄의 성격만 바꾼다는 어떤 암시도

주지 않고, 오직 죄 자체에서의 구원을 가르친다. 또 죄의 결과 중 어떤 것도 구원의 대상으로 언급하지 않는다. 이는 죄를 범하는 것 자체나 죄의 존재가 아닌 죄의 형벌에서만 구원받는다고 가르치는 사람들의 주장과 반대된다.

다른 구절들도 그렇지만, '죄 짓는 기독교'를 주장하는 신학의 모든 다양한 교리적 도피처에 치명타를 가하는 구절은 아마도 갈라디아서 2:17-18의 "만일 우리가 그리스도 안에서 의롭게 되려 하다가 죄인으로 드러나면 그리스도께서 죄를 짓게 하는 자냐 결코 그럴 수 없느니라 만일 내가 헐었던 것을 다시 세우면 내가 나를 범법한 자로 만드는 것이라"라는 말씀일 것이다. 이 구절은 그리스도인의 삶에 어느 정도의 죄를 허용하고, 신분과 상태를 분리하며, 그리스도의 의의 전가 교리를 칼빈주의적으로 해석하려는 시도를 직접적으로 공격한다. 개인이 죄에서 자유를 얻어야 할 필요성 없이 칭의와 양자 됨을 말하는 그런 가르침은, 그리스도를 "죄를 짓게 하는 자"로 만드는 것과 같다. 즉, 그리스도를 자신의 직분을 오용해 고의적인 죄에 대해서도 칭의를 부여하고, 불의한 자에게도 의의 혜택을 보장하는 중재자로 만드는 것이다. 그리스도께서 우리의 변호자, 중재자, 중보자, 대제사장이 되신다는 것은, 우리가 죄 된 본성을 그대로 유지하고 실제로 계속 죄를 짓는 죄인임에도 그분이 자신의 직분의 권세와 의의 공로로써 우리를 위해 영생을 획득하신다는 의미가 아니다. 이 모든 것에 대해 바울은 "결코 그럴 수 없느니라"라고 외친다.

이 구절에서 "그리스도 안에서 의롭게 되려"하는 것은 (1) 그 필요성에 대한 자각, (2) 그리스도의 속죄의 충분성에 대한 믿음, (3) 그리스도를 구세주로 영접하는 것을 포함한다. 세상에는 이 세 가지 태도가 구원의 유일한 조건임을 말하는 사람들로 가득하다. 따라서 누군가가 자신이 구원받아야 한다는 사실을 깨달아 그리스도를 믿고 (공식적으로) 영접했다면 그는 구원을 받았다고 판단한다. 또 그리스도를 믿는 신앙을 공적으로 고백하는 입교식(confirmation)과 많은 교회에서 행하는 그와 유사한 실천이 이 세 가지 태도 전부를 포함한다고 생각한다. 비록 자신이 계속 죄를 지으며 살아가더라도 그런 공식적인 형식을 신뢰하기 때문에 자신이 구원받은 것으로 믿는 것이다. 그러나 이 구절은, 아무리 진심이어도 그런 태도만으로는 구원 얻는 데 불충분하고 심지어 구원이 불가능함을 분명히 말씀한다. 만약 우리 자신이 "죄인으로 드러나면" 구원의 필요성에 대한 우리의 인식, 그리스도의 피에 대한 이성적 믿음, 그리스도를 구원자로 이론적으로 받아들인 것 모두가 헛된 것이 된다. 따라서 우리는 이 세 가지 태도 아래 깊은 곳에 회개의 필요성이 있음을 깨닫는다. 만약 우리가 알려진 모든 죄를 전적으로 버리지 않는다면, 우리가 진정으로 그리스도 안에서 의롭게 되고자 했더라도 그 모든 것이 헛될 수 있다. 나는 지금까지 많은 사람이 비록 "심한 통곡과 눈물로"(히 5:7) 구원을 간구함에도 그 모든 것이 단지 피상적 감정에 불과해, 그들이 이후에 자백하듯 그들이 아껴 온 어떤 우상이나 죄를 포기하려 하지 않기에 평안을 얻지 못한다는 사실을 보아 왔다.

이 점에 대해 자신의 스승보다 훨씬 지혜로웠던 글래스고(Glasgow)에 사는 한 스코틀랜드 사람이 있었다. 그의 스승인 개인 사역자는 그를 돕고

자 하는 진심 어린 바람으로 다음과 같이 질문했다.

"당신은 성경이 하나님의 말씀임을 믿습니까?"

"물론이지요. 모든 선한 스코틀랜드 사람이 그것을 믿습니다."

"당신은 하나님의 아들 그리스도께서 당신을 위해 죽으셨으며, 오직 그분의 피로만 당신이 구원받을 수 있음을 믿습니까?"

"네. 정말로 믿습니다."

"당신은 '주 예수 그리스도를 믿으라 그러면 네가 구원을 받으리라'고 하신 약속을 믿습니까?"

그는 다시 한번 확고하게 답했다.

"그러나 당신은 그 말씀에 당신이 포함되어 있다고 믿습니까?"

"네. 믿습니다."

그러자 그 조언자는 인상 깊은 어조로 다음과 같이 결론을 내렸다.

"그렇다면 당신은 구원을 받았습니다."

그러자 상대방은, "아, 그렇지 않습니다. 당신이 말한 모든 것을 담고 있는 동일한 성경이 '악인은 그의 길을, 불의한 자는 그의 생각을 버리라'(사 55:7)고 말씀하고 있습니다. 그런데 나에게는 아직 버리지 못한 죄가 있습니다"라고 말하며 반박했다.

그 사람은 "신앙이 사람을 실제로 의롭게 만들지 않는다면, 누구도 그런 신앙으로 칭의를 받지 못한다"는 사실을 알 정도로 지혜로웠던 것이다.

처음의 회개뿐 아니라, 그 후로도 계속 죄를 그치고 죄에서 해방되는 것은 구원이 지속되는 조건이다. 성경은 "만일 내가 헐었던 것을 다시 세우면 내가 나를 범법한 자로 만드는 것이라"(갈 2:18)라고 말씀한다. 그리고 우리가 다시 고의적 범죄자가 되면, 우리는 더는 그리스도에 의해 의롭다 함을 받은 상태에 머물러 있지 못할 것이다. 그분은 "죄를 짓게 하는 자"가 되고자 하지 않으시기 때문이다. 회개가 구원에서 하는 역할은 알파벳이 교육에서 하는 역할과 같다. 우리는 알파벳을 배움으로 교육의 과정을 시작한다. 그리고 그 후로는 모든 영역에서의 배움이 그것을 토대로 이루어진다. 더 배웠다고 해서 알파벳을 폐기하는 일은 결코 없다. 그것 없이 우리는 한 페이지도 읽을 수 없고, 한 줄도 쓸 수 없다. 이는 알파벳을 날마다 다시 배우는 것이 아니듯, 날마다 죄를 짓고 날마다 회개해야 한다는 것이 아니다. 알파벳이 교육이라는 건축물의 주춧돌인 것처럼, 죄를 미워하고 그치는 것은 우리의 영적인 건축물의 주춧돌과 같기에, 그런 주춧돌을 없애는 것은 영적인 삶의 붕괴와 영원한 멸망을 초래한다.

우리는 여기서 잠시 참된 신앙과 회개를 실제로는 분리할 수 없다는 점을 말하는 것이 바람직할 것이다. 신앙과 순종은 매우 밀접하게 연결되어 있기에 하나가 없이는 다른 하나도 존재할 수 없다. 성경은 "행함이 없는 믿음은 헛것"(약 2:20)이라고 말씀한다. 앞에서 나는 신앙(또는 믿음)이라는 용어로 오늘날 매우 일반적인 것이 된 진리에 대한 지적 동의를 지칭했다. 죄에 대해 경건한 슬픔을 느끼고 죄를 그치는 것 없이 단지 어떤 개념만 '받아들이는' 모든 신앙이 이런 종류에 해당한다. 그러나 그리스도에 대한 생생한 체험을 기쁘게 수용하는 마음에서 비롯되는 참된 구원의 신앙은, 깊고 철저한 회개라는 옥토에서만 자라날 수 있다. 『믿음에 관한 논문』(Faith

Papers)에 나오는 새뮤얼 애시턴 킨(Samuel Ashton Keen)의 지혜로운 말은 주목할 가치가 있다.

"믿음을 불가능하게 만드는 여러 마음의 상태가 있다. 뉘우치지 않는 마음, 고집 센 마음, 성별 되지 않는 마음으로는 믿어 구원에 이르는 것이 불가능하다. 한창 죄를 짓고 있는 영혼이나 아직 각성되지 않은 마음, 또는 자신을 전적으로 주님께 드리기를 거부하는 하나님의 자녀에게 '믿으라. 그리하면 구원을 받으리라'고 말하는 것은, 그가 할 수 없는 일을 할 것으로 기대하는 것이다."

이 말은 성경적일 뿐 아니라 심리적으로도 옳다. 어떤 대가를 치르더라도 주저하지 않는, 죄에 대해 느끼는 경건한 슬픔과 구원에 대한 강한 열망은, 모든 존재를 그리스도께 맡기는 훌륭하고 효과적인 방법으로 그분이 실재가 되시도록 하는 유일한 감정적 상태다. 참된 구원의 신앙은 사색이 아닌 절망에서 생겨난다. 예수님께서는 오직 애통하는 자에게 위로를 약속하셨고(마 5:4), 우리는 그 애통함이 진실할수록 그와 비례해 위로가 더욱 소중하게 다가온다는 것을 경험적으로 안다. "사함을 받은 일이 적은 자는 적게 사랑하느니라"(눅 7:47). 자신이 잃어버린 자임을 온 마음으로 느낄 때까지는 구원에 대해 그처럼 기뻐하는 개인적 느낌을 결코 가질 수 없고, 자신이 속박되었음을 통렬하게 느끼지 않고서는 그것에서 벗어나는 큰 기쁨을 결코 알 수 없다. 피상적 감정만으로는 언제나 큰 영향을 받지 않을 수는 있지만, 내면의 사람 곧 진짜 자아는 근본적이고 철저하게 변화를 받아야 한다(고후 7:10).

믿음을 피상적으로 이해하는 것은 실천적인 기독교 사역에도 피상적인 결과를 낳는다. 확실히 우리가 지금까지 논의해 온 느슨한 신학과 현대의 많은 복음전도 방법 사이에는 직접적 연관성이 있다. 우리가 회심자를 얻는 방법 중 용납할 수 없을 만큼 얄팍한 것으로 판단하는 경우는, 하나님께서 개인의 마음에 있는 죄를 다루시는 방법에 대한 부적절한 이해에서 비롯되는 자연적인 결과일 뿐이다. 많은 설교자가 하나님께서 사람의 본성 안에서 그리고 본성에 일으키시는 위대한 초자연적 역사의 중요성을 깨닫지 못하기 때문에, 자연히 철저히 회개하고 그 은혜를 간절히 구해야 함을 강조하지 않거나, 신자의 보편적 특권으로 반드시 있어야 할 성령의 증거에 대해 전혀 언급하지 않는다. 그래서 그들에게 중생은 사람이 스스로 종교적이 되기를 바라는 것이 전부인 무기력한 것이 되고, 그들의 회심 이해는 단지 지적 수용의 문제로 끝나고 만다. 실제로 일어나는 주된 변화는 하나님 앞에서의 신분상의 변화뿐이다. 그들은 "믿으라! 믿으라! 당신의 죄는 십자가에서 이미 용서받았다. 필요한 모든 것은 이미 행해졌고, 당신이 해야 할 일은 그것을 받아들이는 것뿐이다"라고 외친다. 이것이 이 장 시작 부분에서 말한 '이미 완성된 구원' 교리를 실제로 적용한 결과다.

그런 신학을 가진 사람들이 '구원'의 방법으로 여기는 것이 무엇인지는 이해할 만하고, 또 거기에는 일관성이 있다. 즉, 명부에 등록하고, 확인을 받고, 목회자가 하는 몇 가지 질문에 답하고, 공개적으로 세례를 받는 것, 또는 그 외에 '그리스도 편에 속했음'을 보여 주기 위해 사용하는 어떤 방법이든 그것이면 그리스도인이 되는 데 충분한 조건이라는 것이다. 지원자가 공개적으로 그리스도를 영접하면, 성부 하나님은 그를 받아들이시고, 그리스도 안에서의 그의 신분은 이제 완전하다. 그 외에 무엇이 더 필요하단 말인가? 나는 한 다정한 아버지가 어느 날 밤 두 딸을 제단으로 데리고 가는 것을 보았다. 나는 그들이 자신들의 신앙에 대해 확고히 결단할 수 있기를 바랐다. 그 결단이 단지 눈물을 흘리며 하나님께 자신들의 죄를 고백하는 것만은 아니었지만, 그들은 분명히 그렇게 하기를 원했다. 나는 목회자가 그 딸들에게 몇 가지 질문을 해주기를 바랐지만, 목회자는 그들에게 단지 기도하기만을 촉구했다. 가족들은 그날 밤을 '결단'의 밤으로 계획했고, 남은 인생에서 그날은 딸들이 구원받은 날로 여겨질 것이다. 그들의 아버지 역시 그런 방식으로 회심하지 않았던가?

이제 우리는 칼빈주의 신학 전통 내에서 약간 다른 생각을 가진 또 다른 그룹의 말을 인용하고자 한다. "만약 당신이 어떤 기적 같은 것이 당신 안에 이루어지기를 기다린다면, 당신은 영원히 기다리기만 하다 지옥에 가게 될 것입니다. 그러나 당신이 세례를 받고 교회에 등록하면 괜찮을 것입니다." 그런 방식으로 그들은 하나님께서 죄 문제를 다루시는 방법, 곧 성령에 의해 이루어지는 본성의 근본적 변화의 필요성을 간과한다.

그러나 이 모든 것은 신약성경에서 말하는 중생이 아니며, 교회를 거짓되고 무기력하게 만들 뿐이다. 첫째, 이미 살펴본 대로 그런 가르침에서 구원의 유일한 조건으로 말하는 신앙은 참된 구원의 신앙이 아니기 때문이다. 둘째, 그것과 연결된 것이 '이미 완성된 구원'이라는 잘못된 주장이다. 그것은 각 개인이 어떤 것도 더 행할 필요가 없다는 의미에서 구원 사역이 갈보리에서 이미 완성되었다고 가르친다. 이는 '그리스도의 속죄 사역'과 '죄 용서'를 혼동하는 것이다. 그리스도의 속죄 사역은 각 개인의 죄 용서를 실제로 이룬 것이 아니라, 단지 그 용서를 가능하게 하는 합법적인 길을 열어 놓았을 뿐이다. 갈보리는 잠정적 구원의 가능성을 열어 놓았을 뿐, 각 개인이 실제로 구원받은 것이 아니다. 그리스도의 죽음은 "모든 사람을 위한 화목제물이며, 그 자체만으로는 아직 어느 누구에게도 무죄 선고가 내려지지 않았다"[필드(Field)]. 우리 각 사람은 구원을 위해 나아가야 하고, 전에는 행해지지 않았던 무엇인가가 행해져야 한다. 즉, 하나님께서 그리스도의 피의 공로로 인해 그분의 값없이 주시는 자비와 은혜로 그 사람을 용서하시고 양자 삼으시며, 성령께서는 그 사실을 증거하시고, 중생이라고 알려진 본성(마음)의 순간적 변화를 일으키셔야 한다. 그리고 이 일이 이루어지기까지는, 사람이 어느 정도까지 지적으로 수용했는지와 관계없이 그는 아직 구원받지 못한 것이다. 이제 우리는 사람이 단지 목회자나 세례대가 아니라 기도로 하나님께 직접 나아가야 할 필연성을 깨닫는다. 회심은 단지 지적인 '수용'의 문제가 아니라, 종종 진정으로 구하는지의 문제다. 성경은 "주 예수를 믿으라 그리하면 … 구원을 받으리라"(행 16:31)라고만이 아니라, "누구든지 주의 이름을 부르는 자는 구원을 받으리라"(행 2:21; 롬 10:13)라고 말씀한다. 주님께서는 "상하고 통회하는 마음을 멸시하지 않으신다"(시 51:17). 이렇게 이해하면 철저한 회개의 중요성을 쉽게 깨달을 수 있다. 우리는 "악인은 그의 길을, 불의한 자는 그의 생각을 버리라"(사 55:7)라고 말씀하시고, "만일 우리가 우리 죄를 자백하면 그는 미쁘시고 의로우사 우리 죄를 사하신다"(요일 1:9)라고 약속하시며, "자기의 죄를 숨기는 자는 형통하지 못하나 죄를 자복하고 버리는 자는 불쌍히 여김을 받으리라"(잠 28:13)라고 말씀하신 하나님의 은혜를 구하고 있기 때문이다. 우리가 성령의 증거(롬 8:16, "성령이 친히 우리의 영과 더불어 우리가 하나님의 자녀인 것을 증언하시나니")가 모든 신자의 특권임을 강조해야 하는 이유 역시 분명해진다. 성령의 증거가 없다면 신자가 하나님께서 자신의 부르짖음을 들으시고 그 마음의 소원을 이루어 주셨음을 어떻게 알겠는가? 우리가 하나님의 말씀을 믿음으로 구원받는다는 것은 사실이다. 그러나 그분의 약속을 자신의 것으로 바르게 붙들면 거기에는 성령의 증거가 뒤따른다. 따라서 자신의 회개가 온전하고, 자신의 바람이 확고하고 진지하며, 신앙을 통해 마음 깊은 곳에서부터 자신의 죄가 용서받았고 자신이 그리스도 예수 안에서 새로운 피조물이 되었다는 성령의 증거를 받기까지는 누구도 만족하지 말아야 한다.

만약 누군가 이런 형태의 경험은 너무 주관적이어서 그리스도께 향해야 할 우리의 관심을 우리 자신의 느낌에 두게 한다고 주장한다면, 우리는 그런 반대는 중생의 참된 성격에 대해 매우 불완전한 이해를 드러낸다고 답할 수밖에 없다. 실제는 그와 정반대다. 중생에서 이루어지는 변화는, 마치 자신을 누르고 있던 무거운 압력이 사라지면 스프링이 원래의 위치로 튀어 오르듯, 자아에게 향했던 관심이 그리스도께 초점을 두게 되는 것이다. 주님께로 향하는 순수하고도 자연스러운 사랑은 지적 관심만이 아닌 마음 상태의 문제다. 우리는 그리스도를 참되게 아는 구원의 지식 없이도 지적인 지식을 가질 수 있다. 그런 지식도 그분, 즉 그분의 신성이나 우리를 위한 속죄, 또는 그분에 관한 어떤 다른 교리에 대해 어느 정도 생각하지 않고는 가질 수 없다. 그러나 자연적인 인간은 그리스도에 대해 더 많은 시간을 들여 생각하면 할수록 더 불행해진다. 그런 생각은 오직 자신의 죄성과 죄책을 드러낼 것이기 때문이다. 이런 '절망의 구렁텅이'에서 벗어나려면, 그는 관심을 내면으로 돌려야 한다. 그리고 죄책이 사라지고 죄의 사슬이 끊어질 때까지 회개하고 기도해야 한다. 그러면 그의 마음은 주님의 마음과 일치되고, 이전에 결코 알지 못했던 사랑으로 감격하게 된다. 그리스도께서 인류를 위해 행하신 사역으로 인해 느꼈던 감사는, 그리스도께서 자기 자신을 위해 행하신 일로 인한 한없는 기쁨이 된다. 그분은 단지 모호하고 비인격적인 방식으로 세상의 구원자가 되시는 것이 아니라, 그 자신의 구원자가 되신다. 중생의 진수는 사람의 마음과 삶이 그리스도를 의식하고 그리스도께 중심을 두게 하는 데 있다. 중생은 그리스도께 기도하고, 그분에 대한 말씀을 읽으며, 그분에 대해 노래하고 찬양하고, 그분에 대해 말하고, 다른 사람들을 그분의 사랑을 아는 구원의 지식으로 인도하려는 강렬한 소망으로 사람의 영혼을 채운다. 이러한 것이 참되게 중생한 사람의 마음에서 일어나는 자연적이고 큰 기쁨이 되는 자극이다. 죽은 나무는 이런 놀라운 열매를 맺을 수 없다.

7장 무엇이 죄가 되는 행위인가

"어떤 사람은 하나님은 요구하시는 것이 매우 엄격하고,
그 의로움을 굽히지 않으며, 본성이 매우 매정하기 때문에,
그분을 닮으려면 인간이 되기를 멈추어야 한다고 생각한다."

- 토니 마샬 앤더슨(Tony Marshall Anderson)

'죄'라는 용어의 의미에는 판단의 실수나 알지 못하는 죄, 인간의 다른 연약성과 한계성을 드러내는 모든 것이 포함되는가? 그렇지 않다. '죄 짓는 기독교' 사상에 동의하는 사람들 중에는 그렇게 생각하는 사람들이 있을 것이다. 그들은 죄를 지나치게 넓게 정의하기 때문이다. 그들은 너무 많은 것을 죄에 포함시키므로, 아무도 이 세상에서 죄 짓지 않고 살 수는 없다고 진심으로 믿는다. 이 오류는 기독교에 지대한 영향을 끼쳤고 많은 혼란을 가져왔기에, 여기서는 죄가 되는 행위를 실천적이고 성경적으로 정의하기 위해 노력할 것이다.

우선 하나님께서 해결하고자 씨름하시는 대상은 우리의 인간성이 아니라, 하나님의 뜻을 거스르는 우리의 의지의 성향임을 기억하자. 바로 그것이 하나님께서 제거하시려는 것이며, 최종적 정죄의 대상도 오직 그것이

다. 하나님께서는 스스로의 의지로 창조주의 의지에 대항하기 전까지 어떤 실수도 범하지 않았던 완벽한 아담보다는, 솜씨가 서투르고 어리석으며 배우지 못했지만 완전한 사랑으로 자신을 사랑하고 무조적으로 순종하는 농부와 살기를 더 원하실 것이다. 농부는 하나님이 가르치고 다듬어 그 무지함과 어리석음, 서투름의 많은 부분을 보완하실 수 있다. 그러나 자기 뜻대로 하겠다고 결심하는 단 한 가지 잘못을 지닌 완벽한 사람과는 하나님이 하실 수 있는 일이 아무것도 없다. 하나님의 뜻을 잘못 해석하는 것이나 무지로 인해 실수하는 것 역시 조심해야 하며, 그것도 그리스도의 속죄를 필요로 한다. 이는 그런 것도 타락의 결과이기 때문이지, 그 자체가 죄가 되는 행위이기 때문은 아니다.

하나님께서는 온전한 마음뿐 아니라 완전한 두뇌까지 반드시 필요로 하는 '율법적 의로움'을 우리에게 요구하시지 않는다. 인간 삶에서 매일매일 겪는 서로 다른 상황과 복잡함 속에서, 십계명 해석과 윤리적 적용의 모든 세부 조항까지 완벽하게 이해하기 위해서는 천사들의 완전함, 아니 거의 무한정의 완전함을 필요로 할 것이다. 그러나 성경 어디에서도 하나님께서 인간에게 그런 완전을 성취하기를 요구하신다고 말씀하지 않는다. 하나님은 십계명에 담긴 모든 원리가 우리의 도덕적이고 영적인 본성에 깊이 내재된 지배적 추진력이 되어야 함을 말씀하신다(미 6:8, "사람아 주께서 선한 것이 무엇임을 네게 보이셨나니 여호와께서 네게 구하시는 것은 오직 정의를 행하며 인자를 사랑하며 겸손하게 네 하나님과 함께 행하는 것이 아니냐"). 하나님은 우리의 마음 즉 동기, 의도, 선택, 기질의 온전함을 요구하시신다. 우리 주님께서 직접 말씀하신 하나님의 요구사항은 이것이다. "네 마음을 다하고 목숨을 다하고 뜻을 다하여 주 너의 하나님을 사랑하라 하셨으니 이것이 크고 첫째 되는 계명이요 둘째도 그와 같으니 네 이웃을 네 자신같이 사랑하라 하셨으니 이 두 계명이 온 율법과 선지자의 강령이니라"(마 22:37-40). 바울은 로마서 13:10에서 성령의 영감으로 동일한 진리를 다음과 같이 고쳐 말한다. "사랑은 이웃에게 악을 행하지 아니하나니 그러므로 사랑은 율법의 완성이니라." 그리고 갈라디아서 5:14에서는 "온 율법은 네 이웃 사랑하기를 네 자신같이 하라 하신 한 말씀에서 이루어졌나니"라고 말한다. 이러한 것이 율법을 온전히 행하는 것이 무엇인지에 대해 하나님께서 가르쳐 주신 것이다. 하나님은 그 이상을 요구하시지도 않고, 그 이하를 용납하시지도 않는다. 이것이 그리스도인의 삶에 대한 신약성경의 기준이자, 새 언약이며, 율법을 완성하는 것이다.

우리가 죄를 바르게 정의하려면 의에 대한 이런 '복음적 기준'을 토대로 삼아야 한다. 나는 죄와 범죄로부터의 구원 가능성에 대한 많은 생각의 불일치는 바로 여기서 발생한다고 확신한다. '세상에서 가장 행복한 이율배반'에 의해 율법에 따라 살면서도 율법에서 자유롭게 되었음을 주장하고, 주님을 슬퍼하시게 하느니 차라리 죽기를 바라면서도 '죄 짓는 기독교'를 말하며, 거룩한 삶을 살면서도 깊은 편견을 가지고 거룩한 마음의 교리에는 반대하는 많은 칼빈주의자가 있다. 이는 단지 그들이 죄를 신약성경의 의의 기준에 따라 바르게 정의하는 데 실패했기 때문이다.

'죄를 짓다'(to sin)라는 동사는 어원적으로 '과녁에서 빗나가다'라는 의미를 지닌다. 그렇다면 우리가 맞혀야 할 과녁은 무엇인가? 만약 아담이나 천사의 완전함이 하나님께서 우리에게 요구하시는 기준이라면, 우리의 삶 전체는 '과녁에서 빗나가는' 것밖에 할 수 없다. 그러면 우리는 우리 자신의 부족함을 가리기 위해 전가된 의의 교리를 피난처로 삼을 수밖에 없다. 비록 그것이 해로운 영향을 끼쳐 부주의함과 태만으로 나아가는 경향을 초래하더라도 달리 방법이 없기 때문이다. 그러나 천사나 아담의 완전함이 우리가 맞혀야 할 '과녁'이라고 말씀하는 곳이 성경 어디에 있는가? 그 '과녁'은 앞 문단에서 인용한 세 개의 성경구절에서 발견된다. 즉, 온전한 사랑을 품고 그것을 나타내는 것이 바로 그 '과녁'이다. 죄는 '사랑'이라는 기준에서 빗나가는 것이다. 다시 말해 "죄는 불법"(the transgression of the law, 요일 3:4), 곧 율법을 어기는 것이다 그렇다면 율법은 무엇인가? 앞에서 인용한 성경구절들에 의히면 '사랑의 법'이다. 하나님 보시기에 죄가 되는 것은, 기록된 율법에 내포된 모든 의미를 지적으로 온전히 이해하지 못하는 것이나, 모든 비상상황에서 율법을 해석하는 최고의 방법을 완벽히 이해하지 못하는 것이 아니라, 사랑에 반대되는 정신과 동기로 행하는 것이다. 존 웨슬리는 많은 사랑이 많은 빛을 의미하거나, 많은 빛이 많은 사랑을 의미하지는 않는다고 말한다. 나아가 그는 사람의 마음에 있는 완전한 사랑은 수없이 많은 판단 착오나 실천에서의 실수와 전적으로 양립할 수 있다고 말한다. 우리는 천진무구하고 사랑스러운 아이와 그 부모의 관계에서 그것을 입증할 만한 많은 예를 들 수 있다. 사랑은 아이가 부모를 기쁘게 하려는 얼마나 완벽한 동기가 되는가? 그럼에도 아이들의 실행은 얼마나 불완전한

가! 부모를 기쁘게 하기 위해 아이에게 정말로 필요한 것은 다음 두 가지 중 무엇이겠는가? 완벽한 실행인가, 순종하고 사랑하려는 온전한 마음인가?

    이 놀라운 진리를 명확히 하기 위해, 요한이 성령의 영감으로 기록한 "죄는 불법(율법을 어기는 것)"이라는 정의를 조금 다른 방식으로 접근해 보자. 우리는 언제 어디서 율법을 어기는가? 총을 쏠 때인가? 말을 할 때인가? 거짓을 내뱉을 때인가? 돈을 훔칠 때인가? 다시 말해, 이 모든 옳지 못한 행동을 저지르는 바로 그때 율법을 어기는 것인가? 우리는 행동을 하게 만드는 죄가 존재한다는 사실을 부인하지 않는다. 그러나 율법을 어기는 시간은 그보다 먼저 마음에서 그렇게 하기로 결정할 때다. 곧 불의한 동기, 의도, 또는 정욕이 영혼의 비밀한 방에 들어와 사람이 사랑과 반대되는 내적 정신에 따라 움직일 때다. 비록 의도한 행동을 아직 행하지 않았더라도 그것이 죄를 구성하는 시각과 장소다. 죄는 심지어 그것을 행동으로 옮길 의도조차 없이 상상만으로도 저지를 수 있다. 다른 한편, 사람은 부지불식간에 외적으로 율법을 어길 수 있다. 그러나 내면에서 율법이 진실하게 지켜지고 있었다면, 어떤 죄도 그에게 지워지지 않는다. 하나님은 외양이 아닌 중심을 보신다. 따라서 우리는 만약 하나님께서 사람의 마음속에서 자신과 이웃을 향한 순수한 사랑의 동기와 판단의 정직성을 보신다면, 비록 행동으로는 심각한 실수를 저질렀고 그 결과가 해로웠더라도, 그 사람이 율법을 어겼다고 여기지는 않으신다는 것을 재차 강조한다. 죄는 율법을 어기는 것이지만, 그 일은 오직 마음에서만 벌어진다. 외적인 행동은 단지 그 내면적 죄의 표현일 뿐이다. 이러한 이해는 요한의 다른 말들의 의미를 더 분명하게 해준다. 요한이 "하나님께로부터 난 자마다 죄를 짓지 아니하나니"(요일 3:9)라고 말한 것은, 단지 마음으로부터 참으로 하나님을 사랑하는 사람은 동시에 마음으로부터 하나님께 불순종할 수 없다는 자명한 금언을 표현한 것이다.

어떤 사람은 "죄를 짓는 것은 주먹을 쥐고 하나님의 면전을 강타하는 것"이라고 말한다. 온 마음을 다해 하나님을 사랑하는 사람이 그렇게 할 수 있겠는가?

죄는 그리스도께서 물과 피를 쏟으시게 만든 창이다. 주님을 사랑하는 사람이 그 창을 소중히 여길 수 있겠는가?

여기서 한 가지 질문이 제기된다. 사랑의 법을 지키는 것은 가능한가? 만약 가능하다면 죄 없이 사는 것은 가능하다. 하나님을 온 마음과 영혼과 뜻과 힘을 다해 사랑하고, 이웃을 자기 자신과 같이 사랑해야 하는가? 그렇다면 죄 없이 살아야 한다.

우리는 이러한 죄의 정의가 어떤 진실한 사람들에게는 실제로 문제가 된다는 사실을 부인할 수 없다. 많은 사람이 다음과 같이 묻는다.

"당신들은 무슨 권리로 어떤 종류의 위반은 실수로 부르고, 다른 종류의 위반은 죄로 부를 수 있는가? 우리는 당신들의 생각이 합리적으로 보인다는 것을 인정한다. 그러나 성경이 연약성과 죄를 구분하며, 무지에 의한 죄와 의지적인 죄를 구분하는가? 그렇지 않다면 당신들은 모든 죄로부터 자유를 얻을 수 있다는 당신들의 교리를 합리화하기 위해 이 자유를 말하는가? 당신들은 당신들이 '완전히 성화되었다'고 말하는 사람들도 많은 결함을 가지고 있고, 그들도 때때로 성령에 의해 책망을 받고 억제를 당하며, 나중에는 후회할 일을 부지중에 행한다는 것을 인정한다. 그러나 당신들은 감히 이런 것들은 참된 죄가 아니라고 말한다. 그렇지 않으면 성화된 그리스도인은 죄 짓지 않고 살아간다는 당신들의 가르침을 포기해야 하기 때문이다. 우리는 고의로든 아니든 절대적 의를 성취하지 못하는 것을 성경이 '죄'라고 하기에 우리 역시 그것을 죄로 불러야 한다고 생각한다."

그러나 성경은 정말 그것을 '죄'라고 하는가? 그 답은 지금 우리가 어떤 섭리시대에 살고 있는지에 달려 있다. 죄를 정의하는 문제에서는 우리는 율법이 아닌 은혜 아래 있다는 사실을 기억하는 것이 근본적인 차이를 만든다. "죄가 너희를 주장하지 못하리니 이는 너희가 법 아래에 있지 아니하고 은혜 아래에 있음이라"(롬 6:14). 모든 훌륭한 칼빈주의자가 이 구절에 "아멘"으로 답할 것이다. 여기서 율법은 비인격적이고 절대적이며 무자비하다면, 은혜는 인격적이고 이해심이 있다. 율법은 우리를 기계적으로 다루고, 절대적 기준으로 행동 그 자체만을 판단할 뿐, 그 동기를 고려하지 않는다. 예를 들어, 구약성경에서 사람이 다른 사람을 실수로 죽였는지 분노에 의해 고의로 죽였는지가 율법의 판단에는 차이를 가져오지 않는다. 둘 중 어떤 경우든 율법을 어겼고, 율법을 어긴 사람은 죄인으로 불리며, 그는 도피성으로 피하거나 자기 목숨으로 죗값을 치러야 한다. 그러나 은혜는 관련 있는 모든 상황과 감정과 동기를 온전히 고려한다. 그 일이 비고의적이었고 예측 불가능한 것이었으며, 불가피하게 그 일을 하거나 하지 않을 수밖에 없었다고 한다면, 은혜는 그를 죄인으로 정죄하지 않는다. 현대적인 사례를 들어 보자. 우리가 처음 가보는 주를 여행하고 있는데 갑자기 경찰이 차를 멈춰 세운 후, 우리가 교통법을 위반했음을 알려 주었다고 해보자. 아마도 우리는 그 법을 이 지역에 들어온 후로 줄곧 위반했을지도 모른다. 우리가 너무나 놀라 말을 더듬으며 진심으로 잘못했음을 인정하고, 우리가 잘 알지 못했기 때문임을 설명한다고 해보자. 절대적이고 융통성 없는 법의 기준에 따르면, 우리가 법을 알지 못한 것은 그저 우리의 불행일 따름이며, 우리는 법을 위반한 사람으로 여겨진다. 그러나 경찰이 합리적인 사람이어서 "나는 자동차 번호판을 보고 당신이 다른 주에서 온 것을 알았습니다. 그리고 당신은 정직하게 법을 준수하는 시민으로 보입니다. 그러니 교통 위반 카드를 끊지 않겠습니다"라고 말한다고 해보자. 그렇다면 우리는 더는 법 아래 있지 않고 경찰의 은혜 아래 있는 것이다. 그러나 주의 깊게 생각해 보라. 그 경찰은 단지 자신이 무법자로 여긴 어떤 사람을 관대하게 대한 것이 아니다. 그에게는 그럴 만한 권한이 없었을 것이다. 우리가 말하고자 하는 의도는, 그가 우리를 전혀 범법자로 간주하지 않았다는 데 있다. 그렇다면 그만큼이나 합리적이신 하나님이 우리의 동기와 정신, 지식과 기회를 고려해 이해심을 가지고 우리의 행위를 판단하지 않으시겠는가? 대답은 그렇다는 것이다. 우리가 참으로 은혜 아래 있다면 하나님께서는 분명히 그렇게 하실 것이다. 그 점에 대해 사무엘상 16:7은 "사람은 외모를 보거니와 나 여호와는 중심을 보느니라"라고 분명하게 말씀하지 않는가? 하나님께서는 외적인 행동을 평가하실 때 먼저 마음의 상태를 보신다. 그래서 마음의 상태가 그렇지 않다면 외적인 행동에서의 실패를 '죄'로 부르지 않으신다. 도로에서 우리를 불러 세운 경찰은 우리가 지식의 한계로 인해 각 주의 모든 교통법을 알 수는 없었을 것이라고 생각했다. 이를 알았기에 그는 사람의 연약성과 죄를 혼동하지 않았고, 우리의 연약성에서 기인한 실수를 죄가 되는 행위로 평가하지 않은 것이다. 하나님도 그러하시기에, 성경은 "우리에게 있는 대제사장은 우리의 연약함을 동정하지 못하실 이가 아니요"(히 4:15)라고 말씀한다.

그러면 우리는 어떻게 결론을 내려야 하는가? 간단히 말해, 실수나 '무지의 죄', 인간의 모든 결함 역시 완고한 영혼, 악한 기질, 지속적인 악한 선택과 같은 부류의 죄로 이해하고, 절대적 의의 기준에 미치지 못하는 모든 행위에 진정으로 죄가 되는 행위라는 딱지를 붙여야 한다고 주장하는 사람들은 자기 스스로를 다시 율법 아래에 두고 있는 것이다. 그뿐 아니라 그들 자신이 현대 기독교에 존재히는 율법주의자들이다. 율법의 정신이 아닌 문자에 따라 죄를 정의하는 사람이 율법주의자가 아니면 누가 율법주의자겠는가? 그러나 참으로 기묘하게도 이들이 바로 율법에서 자유로워져야 함을 그토록 강조하면서 다른 사람을 율법주의자로 부르는 그룹의 사람들이다. 그들이 정말 성경적이고 자신들의 주장에서 일관성이 있으려면, 스스로 절대적 율법에 대한 주장을 포기하고, 은혜 아래에서 죄를 정의해야 한다.

이 중요한 신약의 진리는 다른 많은 문제에도 근본적인 영향을 끼친다. 그와 관련된 몇 가지 함의를 살펴보자.

1. 죄에 대한 그리스도인의 바른 태도는 죄를 혐오하는 것이다. 만약 그리스도인이 모든 것을 죄로 불러야 한다고 주장한다면, 그는 죄에 대한 이

러한 바른 태도를 잃어버리게 되거나, 저주와 어둠 속에 살아가야 한다. 둘 모두 성경적인 태도가 아니다. 그리스도인이 죄를 혐오하는 바른 태도를 지니면서도 동시에 자신이 날마다 죄를 짓고 있다고 느낀다면, 그것은 끊임없는 비탄과 슬픔과 회개의 혼란스러움에 빠지게 해, 성경이 모든 곳에서 약속하고 있는 죄에 대한 지속적인 승리와 평화를 누리지 못하게 만든다. 그러면서도 이 자유와 기쁨을 가진 양 흉내 내게 되면, 그것은 그가 전에 죄에 대해 가졌던 태도에 반드시 변화를 가져올 것이다. 즉, 죄에 대해 가졌던 적극적 반감은 필연적으로 냉담한 상태가 되어, 죄에 굴복하거나 부주의한 태도를 갖게 될 것이다. 그는 자신이 소위 죄라고 여기는 자신의 행동을 그리스도인이 진짜 죄를 대할 때처럼 심각하게 대하면서, 동시에 성령 안에서의 기쁨과 자유를 누리지는 못할 것이다. 나아가, 만약 그가 무지에서 비롯된 죄와 알면서도 저지른 죄를 구분하지 않는다면, 그는 그 둘 모두에 대해 동일하게 매우 부주의함을 나타내게 되지 않겠는가? 그리고 이는 결국 율법폐기론으로 나아가지 않겠는가? 따라서 우리는 죄를 비합리적으로 넓게 정의하는 것이 역설적으로 죄에 대한 느슨한 태도를 초래한다고 생각한다.

2. 그리스도인이 하나님의 말씀을 반대하게 된다. 그는 거룩한 삶을 명령하고 약속하는 모든 성경구절이 거짓이라고 말하는 죄의 정의를 주장하기 때문이다. 만약 인간의 연약성에서 기인하는 모든 결함마저 진짜 죄라고 한다면, 이 세상에서 참되게 의롭게 사는 것은 한낱 환상에 불과한 것이 되고 만다. 우리는 죄를 지으면서 동시에 거룩한 삶을 살 수는 없다. 따라서 우리가 "종신토록 주의 앞에서 성결과 의로 두려움이 없이 섬기게"(눅 1:74-

75) 될 것이라는 말씀을 대할 때, 이 넓은 죄의 정의는 "그것은 불가능하다!"라고 소리친다. 또 요한이 "내가 이것을 너희에게 씀은 너희로 죄를 범하지 않게 하려 함이라"(요일 2:1)라고 말하면, 넓은 죄의 정의는 그의 낙천적 견해에 미소를 짓고는 "요한, '죄를 범하지 않는다'는 것은 그리스도인에게 너무 많은 것을 기대하는 것이네. 그러니 자네의 서신은 사람들에게 피할 수 없는 것을 피하라고 가르치고, 할 수 없는 일을 하라고 말하고 있네"라고 논평할 것이다. 이런 평가는 물론 요한의 지식과 신실함, 권위에 대한 그들의 생각을 반영하고 있다. 이 넓은 죄의 정의는 사도가 말한 분명한 의미를 훼손한 후, 그리스도인의 영적 삶의 기준을 "죄를 범하지 않는다"는 적극적인 말씀이 아닌, 그 뒤에 나오는 "만일 누가 죄를 범하면"에 두게 한다. 칼빈주의 친구들은 우리가 죄의 정의를 축소하는 것이 문제라고 생각할 것이다. 그러나 하나님의 많은 약속과 명령을 부질없고 모순된 것으로 만드는 죄의 정의를 주장하는 것이 더 문제가 아니겠는가? 하나님을 모독하고 말씀을 믿지 않는 죄에 빠지는 것보다는 죄의 정의를 수정하는 것이 나을 것이다.

3. 우리가 지금 다루고 있는 비고의적 결함과 부지중에 지은 죄에 대한 성경적 관점은, 마음이 정결케 됨으로 온전히 성화될 가능성과 그 이후에도 여전히 성장할 필요성을 설명한다. 사람들은 종종 다음과 같이 질문한다. "만약 당신이 거룩하다면 은혜 안에서 더욱 자라가야 할 필요가 어디에 있습니까?" 확실히 그 거룩함이 절대적 의와 거룩함을 말하는 것이라면, 더 성장하는 것은 불필요하고 불가능할 것이다. 그러나 성경과 건전한 상식에 기초해 생각해 보면, 성령께서는 순간적으로 신자의 마음을 깨끗하게 하실

수 있지만, 그는 여전히 악한 세상에 둘러싸여 있고, 마귀의 교묘한 속임수에 대해 많은 것을 모르고 있으며, 정신과 몸의 많은 연약성을 지니고 있기에, 성령께서는 그의 마음이 계속 거룩하게 유지되고 그 인격이 점점 더 그리스도를 닮도록 하기 위해 그를 경계하고 권고하며 다듬고 지도하셔야 한다. 그럼에도 이 모든 것은 죄를 짓는 것이 아니기에, 하나님과의 교제를 전혀 상실하지 않고, 온전한 성별을 조금도 약화시키지 않은 채로, 그리고 마음속에서 비통함이나 반항심을 전혀 느끼지 않고도 이 모든 배움의 과정을 경험할 수 있다.

4. 경찰과 교통법 위반의 사례에 대한 올바른 이해는 흔한 율법폐기론적 오류에 빠지지 않도록 도울 것이다. 경찰의 은혜 아래 있다는 것은, 우리가 거만한 태도를 나타내도 좋다거나 계속해서 교통법을 어겨도 될 자유가 있다는 것을 조금도 의미하지 않는다. 경찰이 새로운 깨달음을 주었을 때 거만하거나 고집을 피웠다면 우리는 그가 베푸는 은혜를 누리지 못했을 것이다. 또는 한 번 '잘못을 인정'한다 해도, 만약 그 이후 계속 법을 무시한다면, 그것이 우리에게 더는 도움이 되지 않을 것이다. 다음번에 경찰이 우리를 붙잡았을 때 우리는 은혜의 때는 지나갔고 이제 우리는 단호한 법 아래 있음을 깨닫게 될 것이다. "그런즉 어찌하리요 우리가 법 아래에 있지 아니하고 은혜 아래에 있으니 죄를 지으리요 그럴 수 없느니라 너희 자신을 종으로 내주어 누구에게 순종하든지 그 순종함을 받는 자의 종이 되는 줄을 너희가 알지 못하느냐 혹은 죄의 종으로 사망에 이르고 혹은 순종의 종으로 의에 이르느니라"(롬 6:15-16). 그리스도인이 열심을 가지고 순종하는 마

음으로 새로운 깨달음을 얻으려 하지 않은 채 잘못된 것인 줄 아는 방식을 지속한다면, 그는 은혜를 박탈당하고 자신을 죄의 종으로 드려 사망에 이를 것이다. 우리는 또한 이 장에서 제시한 죄의 정의는, 그리스도인이 자신의 연약함을 근거로 들어 실천에서의 실수를 정당화하려는 태도를 부추기기 위한 것이 아니다. 그런 태도는 영적으로 결핍되었음을 드러내는 확실한 증거일 것이다. 사랑 안에서 참으로 온전케 된 사람은 그것의 외적 표현이 온전할 수 있도록 끊임없이 노력하며, 그럼에도 발견되는 어떤 실수라도 그에게는 마음의 슬픔이 된다.

죄를 이렇게 정의하는 것이 우리의 관심을 율법의 외적인 문자적 의미에서 내적인 정신과 동기로 옮겨 놓더라도, 그것이 율법이 요구하는 의로운 행동의 기준을 낮추는 것은 아니다. 어떤 의미로 이 정의는, 해야 함에도 하지 않는 죄의 심각성을 깨닫게 함으로 오히려 그 기준을 높인다. 많은 사람이 자신은 타인에게 해를 끼치는 어떤 일도 하지 않기 때문에 죄를 짓고 있다고 생각하지 않는다. 그들이 강조하는 것은 언제나 외적으로나 적극적으로 율법을 위반하지 않았다는 것이다. 그러나 우리가 하나님께서 사랑을 의의 기준으로 여기신다는 사실을 알게 되면, 우리에게 사랑이 없는 것이 죄임을 깨닫는다. 우리가 비록 율법적으로는 아무런 잘못 없이 의롭게 보이더라도, 아무런 짐도 지지 않고, 기도하지 않으며, 누군가를 돌보지 않고, 무관심한 것이 죄 된 삶임을 알게 된다. 성경에 나오는 젊은 부자 관원은 "이것은 내가 어려서부터 다 지키었나이다"(눅 18:21)라고 말했다. 그러나 그에게는 하나님과 이웃보다 돈에 대한 사랑이 더 강했다. 그를 근심하며 떠나게 만든 것은, 그가 지금까지 행한 것들이 아니라 그에게 부족했던 무엇이며, 앞으로도 계속 부족한 채로 살기 원했던 무엇이었다. 그의 죄는 '하지 말아야 할 일을 한 죄'(transgression)라기보다 '해야 할 것을 하지 않는 죄'(omission)였다. 그는 비록 외적으로 율법을 어기는 죄는 짓지 않았지만, 사랑으로 행하지 않았다는 점에서 죄인이었던 것이다. 우리가 복음 시대에 주의를 기울여야 하는 것이 바로 이 사랑의 관점이다. 우리가 죄를 복음적으로 정의한 것은 바로 이 관점에 근거한다. "이로써 사랑이 우리에게 온전히 이루어진 것은 우리로 심판 날에 담대함을 가지게 하려 함이니 주께서 그러하심과 같이 우리도 이 세상에서 그러하니라"(요일 4:17). 성경은 이 담대함의 비밀이 사랑이라고 말씀한다. 하나님께서는 온전한 사랑이 결여된 완벽한 행위를 요구하지 않으신다. 그가 요구하시는 것은 오직 온전한 사랑뿐이다. 그분은 사랑이 각 사람이 가진 정신적 한계 내에서 가능한 한 최고의 완벽한 행위를 이끌어 낼 것임과, 그 행위가 영적 지식과 능력이 더해 갈수록 끊임없이 발전해 나갈 것임을 아시기 때문이다.

요약하면, 진정으로 죄가 되는 행위에는 다음 두 가지 사실이 동반된다고 합리적으로 결론 내릴 수 있다.

첫째, 죄가 무엇인지를 아는 지식이다. 만약 우리가 이미 받은 모든 빛 가운데서 행하고, 지속적으로 새로운 빛을 수용하면서 열심히 올바른 지식의 습득을 위해 노력한다면, 아직 이르지 않은 빛에 대해서는 우리에게 책임이 있는 것으로 여겨지지 않을 것이다. 요한서 1:7("그가 빛 가운데 계신 것같이 우리도 빛 가운데 행하면 우리가 서로 사귐이 있고 그 아들 예수의 피가 우리를 모든 죄에서 깨끗하게 하실 것이요")에 의하면, 현재 주어진 빛 가운데 행하는 것은, 하나님과의 현재적 사귐을 누리고, 모든 죄에서 현재적으로 씻음을 받는 유일한 조건이다. 그러나 어떤 문제에 대해 새로운 깨달음을 갖게 되면, 그 문제는 죄와 무죄함에 대한 관계를 즉시 바꾸어 놓는다. 어제는 아무런 잘못이 없는 상태로 그것을 행했더라도, 오늘은 죄 된 행위가 되는 것이다. 따라서 우리는 죄로 판결 내리기 전에 죄가 무엇인지를 아는 지식이 필요하다.

둘째, 죄를 짓기로 동의하는 것이다. 욕심이 의지와 결합될 때 비로소 죄가 잉태되기 때문이다(약 1:14-15, "오직 각 사람이 시험을 받는 것은 자기 욕심에 끌려 미혹됨이니 욕심이 잉태한즉 죄를 낳고 죄가 장성한즉 사망을 낳느니라"). 우리 생각 속에서 작용하는 죄의 유혹은 우리가 그것을 계속 생각하면서 내 것으로 받아들이지 않는 한 우리의 죄가 되지 않는다. 그러나 의지의 결단으로 주저함 없이 즉시 유혹을 내쫓는 것은 우리를 죄책에서 건져 낸다. 우리가 악한 생각에 동의하지 않으면 그것은 결코 악한 행동으로 발전할 수 없다.

앞서 인용한 로마서 6:15-16은 이러한 생각이 옳음을 입증한다. "죄의 종으로 사망에 이르는" 것은, 우리가 스스로를 죄의 종으로 '내주어' 죄에 순종한 결과다. 우리가 스스로를 죄에 내주는 것은 우리 의지의 동의 없이는 불가능하고, 우리가 스스로를 내주어 '종으로 순종'하는 것은 최소한 우리가 하고 있는 일이 무엇인지에 대한 어느 정도의 지적 이해 곧 어느 정도의 지식도 없이 이루어지지는 않는다.

이는 영적으로 (만약 완전히 죽지 않았다면) 매우 둔해 자신의 삶의 확연한 모순조차 보지 못하고, 자신이 그것에 대해 충분한 지식이 없었다는 핑계를 대며 자기 죄를 변명하는 신학 교수를 위한 은폐물이 아니다. 확실히 이 장에서 말한 진리는, 오직 영적으로 깨어 있어 날마다 의식적으로 행동과 인격에서 그리스도를 점점 더 닮아 가고자 노력하는 사람들에게만 해당된다.

성경적으로 보면, 죄는 변명할 수 있는 것이 아니다. 만약 죄가 피할 수 없는 것이라면 우리는 변명할 수 있을 것이다. 죄가 변명할 수 없는 것이라고 말하는 것은, 죄를 피할 수 있다는 사실을 선언하는 것이다. 본성의 변화를 받고, 하나님의 은혜의 충분한 도우심을 받아 하나님께 전적으로 굴복하는 의지를 지닌 사람은 누구나 죄를 거부할 수 있다. 온전한 성화의 은혜를 통해 신자의 내면에서 죄로 향하는 내적 경향성이 제거되고, 그 마음이 온전한 사랑으로 채워지면 갑절이나 그렇게 된다. 죄에 대한 외적 승리와 내적 승리 모두는 하나님의 모든 자녀가 누리는 복된 특권이다. 이바 더럼 베나르(Iva Durham Vennard) 여사가 말했듯, 신자에게 죄가 없다는 것은 '죄를 지을 수 없다'(not able to sin)는 뜻이 아니라, 하나님의 은혜로 '죄를 짓지 않을 수 있음'(able not to sin)을 의미한다.

8장 중생 이후에 지은 죄의 결과

"신학에서 '만약'이라는 조건을 제거해 버린 사람은
더는 성경에 기초해 있지 않다"

- 봄베이(Bombay)의 조지 바우어(George Bower)

만약 하나님께서 개인의 책임성과 관계없이 구원을 주신다면, 만약 구원받은 사람은 자신과 하나님을 영원히 갈라 놓을 죄를 저지르는 것이 불가능하다면, 만약 우리가 전가된 의에 의해서만 구원을 받는다면, 요컨대 만약 우리가 구원받은 순간부터 죄의 치명성이 제거된다면, 어떤 이유로 성경에는 단호하고도 분명하게 하나님께 대한 우리의 개인적 순종과 죄를 그치는 것이 구원의 조건이라고 말씀하는 성경구절이 그토록 많이 있는가? 그런 구절이 성경에 매우 많다는 것은 쉽게 증명할 수 있다. 그런 내용을 담고 있는 58개 구절을 분석해 보면 다음과 같은 명쾌한 가르침을 발견할 수 있다.

첫째, 우리의 초기적 구원의 조건은 신앙이며, 이 신앙은 회개에 기초해 있다. 장황한 반복이 될 위험을 무릅쓰고 이 장에서 우리는 이 위대한 진리를 다시 설명할 것이다. 주의 깊은 독자라면 회개가 특히 공관복음서와 사도행전이 가장 강조하는 요소 중 하나임을 반드시 깨달을 것이다. 오늘날 회개는 세례 요한과 예수님께서 초기에 유대인에게 선포하신 메시지일 뿐, 교회가 이방인들에게 전한 메시지는 아니었다고 가르치는 사람이 많다. 하나님 말씀의 정직한 학생이라면, 바울이 아테네에서 이방인에게 설교할 때 "이제는 어디든지 사람에게 다 명하사 회개하라 하셨으니"(행 17:30)라고 선포했고, 역시 사도행전에 "그러면 하나님께서 이방인에게도 생명 얻는 회개를 주셨도다"(11:18)라고 기록되어 있는 것을 볼 수 있다. "그러므로 우리가 그리스도의 도의 초보를 버리고 죽은 행실을 회개함과 하나님께 대한 신앙과 세례들과 안수와 죽은 자의 부활과 영원한 심판에 관한 교훈의 터를 다시 닦지 말고 완전한 데로 나아갈지니라"라고 말씀하는 히브리서 6:1-2에서도, 회개는 기독교적 교훈과 삶의 '토대'(foundation, 한글 개역개정 성경에서는 '터'로 번역되었음-역주)에 속한다. 이 구절이 "죽은 행실을 회개함"은 "하나님께 대한 신앙"과 함께 기독교적 교훈의 토대라고 말씀하는데도, 어떻게 우리가 감히 회개 교리를 대수롭지 않은 문제로 치부할 수 있겠는가? 사람은 먼저 죄에서 돌아섬이 없이는 하나님께로 돌이킬 수 없다는 것은 성경 어디서든 발견되는 가르침이다. 늘 그렇듯 여기서 요지는 "너희도 만일 회개하지 아니하면"(눅 13:5)이라는 예수님의 말씀과 조화를 이룬다. 진지한 사람의 마음에, 하나님 앞에서의 참된 회개가 죄를 완전히 버리는 것을 포함한다는 사실에 대한 어떤 의문이 있을 수 있겠는가? 예수님은 이를 더 강하게 표현해 "너희 중의 누구든지 자기의 모든 소유를 버리지 아니하면 능히 내 제자가 되지 못하리라"(눅 14:33)라고 말씀하셨음을 기억하자. 우리 주님은 우리에게 좋은 것만 버리라고 하시고, 나쁜 것은 버리라고 하지 않으셨는가? 분명히 나쁜 것을 먼저 버리라고 하셨다. 그리고 우리가 구원을 얻기 위해 악을 버리라고 하셨다면, 구원을 유지하기 위해서도 악을 버리라고 하셨다고 말하는 것이 분별력 있는 태도가 아니겠는가?

나아가 회개는 인간이 해야 하는 일이다. 모든 사람은 회개할 수 있는 능력을 가지고 있다. 하나님께서 인간을 위해 대신 회개하시는 것이 아니다. 우리는 이를 사도행전 17:30의 "하나님이 … 이제는 어디든지 사람에게 다 명하사 회개하라 하셨으니"라는 말씀에서 알 수 있다. 하나님께서는 누구도 할 수 없는 무엇을 모든 사람에게 명하신 것이 아니다. 따라서 회개해야 할 필연성 속에서 우리 각 개인에게 회개해야 할 책임이 있음을 알 수 있다. 할 수 있다는 사실이, 해야 한다는 책임성을 가져오는 것이다.

그러나 현대의 전통적 칼빈주의자들은, 6장에서 지적한 대로, 어떤 참된 복음적 주제에서도 회개에 당연한 위치를 부여하지 않는다. 나는 "회개가 어떤 경우에는 구원으로 인도할 수 있지만, 그것이 반드시 필요한 과정은 아니다"라고 적힌, 가장 큰 칼빈주의 단체 중 하나에서 온 편지를 지금도 가지고 있다. 이 편지를 쓴 사람은, 어떤 사람은 회개하지 않아도 구원받을 수 있다고 생각한 것이 분명하다.

하나님과 화해하지 못한 어떤 사람이 구원을 받을 수 있는가? 그 편지에서 말한 것처럼 "구원은 오직 한 분 그리스도 안에서만 받을 수 있다"는 것은 사실이다. 그러나 바울은 우리가 그리스도를 통해 하나님과 화목할 경우에만 그리스도 안에서 구원받을 수 있음을 알았다(고후 5:20, "그러므로 우리가 그리스도를 대신하여 사신이 되어 하나님이 우리를 통하여 너희를 권면하시는 것같이 그리스도를 대신하여 간청하노니 너희는 하나님과 화목하라"). 그런데 사람이 내적으로는 여전히 죄를 붙들고 있는데도 하나님과 화목할 수 있는가? 이는 반역자가 비밀스럽게 계속 반역을 꾀하는 동안에는 정부와 진정으로 화해할 수 없는 것과 같다. 두 생각은 서로 모순된다. 회개하지 않는 사람은 곧 끈질기게 반역하는 사람이기 때문이다. 회개하지 않아도 구원받을 수 있다는 것은, 그가 하나님과 화목하지 않아도 구원받을 수 있다는 것이다.

배상과 세세한 자백을 포함하는 고통스러운 외적 회개의 과정이 구원에 꼭 필요하지는 않다는 것은 당연하게 여겨져 왔다. 이는 부분적으로는 (예수님의 십자가 오른편 강도처럼) 그렇게 하는 것이 언제나 가능하지는 않기 때문이며, 부분적으로는 그런 과정이 회개의 외적 표현일 뿐 내적 본질이 아닐 수 있기 때문이다. 회개의 내적 본질은, 죄에서 돌아서서 더는 죄를 짓지 않으며, 그리스도의 의로우심을 인정하고, 자신을 위해 어떤 값이든 기꺼이 지불하실 하나님의 은혜를 간절히 구하는 마음의 태도다. 회개의 외적 표현은 회심 이전에도 일정 기간 행할 수 있을 뿐 아니라, 많은 배상을 해야 하고 오래된 습관을 깨뜨려야 하는 사람의 경우처럼 회심 이후에도 이루어질 수 있다. 그러나 내면적 회개 없이는 참된 회심이 불가능하며, 어떤 신앙고백도 거짓된 것이다.

나아가 우리는 어떤 특정한 감정을 느꼈는지 아닌지에 따라 회개의 내적 본질이 진실한지의 여부를 알 수 있다고 주장하지 않으며, 모든 사람이 회개에 동반되는 죄에 대한 애통함을 느끼는 정도나, 심지어 자신이 어떤 죄를 지었는지 깨닫는 정도가 동일하다고도 말하지 않는다. 영혼이 주님과 구원을 간절히 바랄 때는, 사람이 자신의 감정을 날카롭게 분석하면서 자신이 느껴야 할 이런저런 것을 느끼고 있는지 충분히 살피지 못할 수 있다. 냉정한 질문을 던지기에는 지나치게 열정적이기 때문이다. 당장 그의 의식에서 가장 중심이 되는 것은 죄에 대한 애통함보다는 죄에서 돌아서서 온 마음으로 그리스도께로 향하는 결단일 수 있다. 내면의 어떤 주저함, 죄에 대한 어떤 비밀스러운 애착, 아직도 남아 있는 의의 요구에 순응하기 싫어하는 마음, 자신의 의식 가장자리에 도사리고 있는 어떤 고질적인 반항심, 자신이 하나님을 바른 태도로 대하고 있지 않다는 어떤 책망의 감정이 그의 신앙을 질식시키고 회심을 방해할 수도 있다.

시간이라는 관점에서 보면 사람이 참된 신앙으로 그리스도께 돌이키고 거듭나는 일은 순간적으로 이루어질 수 있다. 그러나 회개하지 않는 마음과 고집 센 의지를 가지고서는 일 초든 일 분이든 일 년이든 거듭날 수 없다. 그런 상태에서는 아무도 믿고 구원받을 수 없다. 따라서 우리는 초기적 구원의 조건은 신앙이며, 이 신앙은 회개에 기초해 있음을 마땅히 주장할 수밖에 없다.

둘째, 구원의 지속은 순종을 조건으로 한다. 다음과 같은 성경구절을 읽는다면 우리는 이 사실을 결코 부인할 수 없다.

- "나더러 주여 주여 하는 자마다 다 천국에 들어갈 것이 아니요 다만 하늘에 계신 내 아버지의 뜻대로 행하는 자라야 들어가리라" (마 7:21).

- "나의 계명을 지키는 자라야 … 내 아버지께 사랑을 받을 것이요" (요 14:21).

- "사람이 내 안에 거하지 아니하면 가지처럼 밖에 버려져 마르나니 사람들이 그것을 모아다가 불에 던져 사르느니라"(요 15:6).

- "나의 사랑 안에 거하라 … 너희도 내 계명을 지키면 내 사랑 안에 거하리라"(요 15:9-10).

- "너희는 내가 명하는 대로 행하면 곧 나의 친구라"(요 15:14).

- "하나님이 자기에게 순종하는 사람들에게 주신 성령"(행 5:32).

- "너희 자신을 종으로 내주어 누구에게 순종하든지 그 순종함을 받는 자의 종이 되는 줄을 너희가 알지 못하느냐 혹은 죄의 종으로 사망에 이르고 혹은 순종의 종으로 의에 이르느니라"(롬 6:16).

- "무릇 하나님의 영으로 인도함을 받는 사람은 곧 하나님의 아들이라"(롬 8:14).

- "온전하게 되셨은즉 자기에게 순종하는 모든 자에게 영원한 구원의 근원이 되시고"(히 5:9).

- "너희는 말씀을 행하는 자가 되고 듣기만 하여 자신을 속이는 자가 되지 말라"(약 1:22).

- "너희가 진리를 순종함으로 너희 영혼을 깨끗하게 하여"(벧전 1:22).

- "만일 우리가 하나님과 사귐이 있다 하고 어둠에 행하면 거짓말을 하고 진리를 행하지 아니함이거니와"(요일 1:6).

- "그를 아노라 하고 그의 계명을 지키지 아니하는 자는 거짓말하는 자요 진리가 그 속에 있지 아니하되"(요일 2:4).

- "빛 가운데 있다 하면서 그 형제를 미워하는 자는 지금까지 어둠에 있는 자요"(요일 2:9).

- "이 세상이나 세상에 있는 것들을 사랑하지 말라 누구든지 세상을 사랑하면 아버지의 사랑이 그 안에 있지 아니하니"(요일 2:15).

- "이러므로 하나님의 자녀들과 마귀의 자녀들이 드러나나니 무릇 의를 행하지 아니하는 자나 또는 그 형제를 사랑하지 아니하는 자는 하나님께 속하지 아니하니라"(요일 3:10).

- "그 형제를 미워하는 자마다 살인하는 자니 살인하는 자마다 영생이 그 속에 거하지 아니하는 것을 너희가 아는 바라"(요일 3:15).

- "그의 계명을 지키는 자는 주 안에 거하고 주는 그의 안에 거하시나니"(요일 3:24).

- "하나님께로부터 난 자는 다 범죄하지 아니하는 줄을 우리가 아노라 하나님께로부터 나신 자가 그를 지키시매 악한 자가 그를 만지지도 못하느니라"(요일 5:18).

- "지나쳐 그리스도의 교훈 안에 거하지 아니하는 자는 다 하나님을 모시지 못하되 교훈 안에 거하는 그 사람은 아버지와 아들을 모시느니라"(요이 1:9).

- "사랑하는 자여 악한 것을 본받지 말고 선한 것을 본받으라 선을 행하는 자는 하나님께 속하고 악을 행하는 자는 하나님을 뵈옵지 못하였느니라"(요삼 11).

이처럼 많은 결정적인 성경구절이 있는데 어떻게 초기에 한 번 참된 신생을 경험한 것이 영원한 구원의 유일한 조건이라는 입장을 취할 수 있는가? 우리는 존 플레처처럼 우리의 신앙 경력 중 어느 시점에서든 우리의 신앙이 "합당한 열매를 맺지 않는다면, 그것은 마귀의 신앙과 다를 바 없다"고 결론짓는 것이 마땅하다(약 2:19-20, "네가 하나님은 한 분이신 줄을 믿느냐 잘하는도다 귀신들도 믿고 떠느니라 아아 허탄한 사람아 행함이 없는 믿음이 헛것인 줄을 알고자 하느냐").

위 성경구절들에 기초해 우리는 이런 질문을 해볼 수 있다.

1. 요한복음 14:21에 따르면, 만약 한 번 구원받은 사람이 예수님의 명령을 알고도 더는 순종하지 않는다면, 그는 예수님께서 이 구절에서 의미하신 아버지의 사랑을 계속 받을 수 있는가? 이 구절을 다시 한번 읽어보자. 오직 그 명령을 지키는 자에게만 약속이 주어진다는 사실이 분명해질 것이다.

2. 요한복음 15:6의 경고의 말씀이, 과거에 그리스도 안에 있었던 사람이라면 '그리스도 안에 계속 거하지 않아 밖에 버려지는' 일이 불가능하다는 의미로 들리는가? "내 안에 거하지 아니하면"이라는 말씀은 교리나 교회, 조직이 아닌 그리스도와의 관계를 뜻한다. 우리가 그에게서 떨어져 나갔는데도 구원받을 수 있단 말인가?

3. 로마서 6:16로 가서, 만약 그리스도인이 죄에 굴복해 다시금 그 종이 되면, 그래도 사망에 이르지 않는가? 그리고 어떻게 사망과 영생이 같은 영혼을 다스릴 수 있는가? 사실 이 구절이 누구를 대상으로 쓰였는지를 생각해 보면, 구원받은 사람이 자신을 종으로 내주어 '죄의 종으로 사망에 이를'

가능성을 의미하지 않는가? 이 구절이 바로 그런 일을 직접적으로 경고하고 있지 않은가?

4. 우리가 스스로를 돌아보더라도 과거에 눈부신 신앙 체험을 했던 사람들이, 지금은 생각이 바른 어떤 사람이 보더라도 결코 순결한 성령의 인도하심을 따르지 않고 있음을 알 만한 방식으로 살아가는 것을 보게 된다. 만약 성령의 인도하심을 따르지 않고 있다면 어떻게 뻔뻔하게 자신이 여전히 하나님의 자녀라고 말할 수 있는가? 로마서 8:14은 "하나님의 영으로 인도함을 받는 사람"이 하나님의 자녀라고 정확하게 말씀한다. 그렇다면 하나님의 영으로 인도함 받지 않는 사람은 과거에 어떤 삶을 살았든 현재는 하나님의 자녀가 아니다. 이러한 구절은 성경에서 다른 구절들처럼 '현재 시제'다.

"이미 태어난 사람이 아직 태어나지 않은 상태로 돌아갈 수는 없지 않은가?"라는 흔한 질문은 매우 피상적인 사고를 드러낸다. 그런 식의 방어는 불충분하다. 이미 태어난 모든 사람이 아직 태어나지 않은 상태로 돌아갈 수 없는 것은 사실이지만, 그들도 죽을 수는 있다. 그리고 분리될 수도 있다. 만약 아버지는 거룩한데 자녀가 악하면, 그는 아버지를 결코 보지 못할 것이기 때문이다. 마찬가지로 하나님의 자녀는 영적으로 죽고(겔 18:4, "범죄하는 그 영혼은 죽으리라") 분리되어 하나님의 얼굴을 다시는 뵙지 못할 수 있다. 이 질문에는 또 다르게 답할 수도 있다. 우리와 육신의 부모 사이의 자연적 관계는 우리와 하나님의 관계와 매우 다르다. 우리는 자연적인 생식활동에 의해 육신의 가정에 태어나지만, 하나님의 자녀가 되는 것은 양자 됨을 통해서다. 우리는 하나님의 자녀가 되기 전까지 마귀의 자녀였다(요일 3:8). 이미 하나님의 자녀가 된 사람은 '아직 태어나지 않은' 상태로 돌아갈 수 없다는 논리로 신자는 잃어버린 상태가 될 수 없다고 주장한다면, 마찬가지로 이미 마귀의 자녀가 된 사람은 '아직 태어나지 않은' 상태로 돌아갈 수 없기 때문에 구원도 받을 수 없다고 말해야만 논리적 일관성이 있는 것이다. 이처럼 육신의 가족과 하나님의 가족의 관계에 꼭 들어맞는 비유는 있을 수 없으며, 어떤 가상적 비유라도 그것에 기초해 '영원한 구원 보장'을 주장한다면 논리가 매우 빈약할 뿐이다.

6. 히브리서 5:9은 그리스도께서 자기에게 순종하는 모든 자에게 영원한 구원의 근원이 되신다고 말씀한다. 그러나 이것이 순종은 일정한 시간만 하면 되고, 그 후에는 순종에서 면제되므로 불순종해도 좋다는 뜻인가?

7. 마지막으로 요한서 2:4은, 과거의 경험에 기초해, 그리고 그리스도인이 죄를 지으면 하나님과의 교제만 상실될 뿐 관계가 상실되는 것은 아니라고 배웠기에 자신이 하나님을 안다고 말하면서도 "그의 계명을 지키지 아니하는 자"에 대해 어떻게 말씀하는가? 이 구절의 뒷부분("거짓말하는 자요 진리가 그 속에 있지 아니하되")은 강력하고도 가차없이 그를 기소하고 있지 않은가? 그리고 만약 우리가 하나님을 바르게 알고 있지 못하다면 그러고도 하나님의 자녀라고 주장할 수 있는지 물어야 하지 않겠는가?

그러나 누군가는, 그렇다면 죄를 단 한 번만 지어도 그 즉시 은혜를 상실하고, 속죄의 효력에서 배제되는가 하고 물을 수 있을 것이다. 그것은 어느 정도까지 알면서 고의로 죄를 저질렀는지, 그리고 신자가 그 죄를 어떤 태도로 대하는지에 달려 있다. 우선 우리는 질문자가 염두에 두고 있는 죄가 단지 유혹이 아닌 실제 죄임을 확실히 해야 한다. 그리고 그 죄의 성격을 결정한 후에는, 사람이 단 하나의 죄라도 회개하지 않고 용서받지 않으면 즉각적인 정죄와 궁극적이고 완전한 버림을 초래하기에는 충분히 심각하다는 사실 역시 즉시 덧붙여야 한다. 그러나 단 하나의 죄가, 죄책을 지닌 사람이 즉시 완전히 타락한 사람이 된다는 것을 의미하지는 않는다. 물론 그럴 수 있지만, 반드시 그런 것은 아니다. 성령께서는 슬퍼하시나 완전히 떠나 버리지는 않으실 수 있다. 비고의적인 '어떤 결점으로 인해' 그렇게 된 것과 고의로 죄 지을 '기회를 잡은' 것 사이에는 차이가 있기 때문이다. 또 죄를 부끄럽게 여기고 슬퍼하면서 그리스도의 피를 의지하는 영혼과, 완고하고 부주의해 자신의 잘못을 덮으려 하거나, 더 나쁘게 그 죄를 반복하려는 영혼 사이에는 차이가 있다. 죄와 싸우다 어느 순간 넘어져 버린 진실한 그리스도인은 "만일 누가 죄를 범하여도 아버지 앞에서 우리에게 대언자가 있으니 곧 의로우신 예수 그리스도시라"(요일 2:1)라는 약속의 말씀을 붙들 권리가 있다. 그러나 만약 그가 죄에 대한 하나의 안전장치로 이 구절을 이용하고, 죄의 결과를 쉽게 모면하기 위한 중보자를 언제든 찾을 수 있다고 생각하면서 은밀히 죄를 허용한다면, 그는 악한 마음으로 하나님의 자비를 이용하고 있는 것이며, 심판 날에 그는 슬퍼하며 환상에서 깨어나게 될 것이다. 그런 사람은 참된 그리스도인이 죄에 대해 갖는 마땅한 태도를 결코 갖지 못할 것이다. 반면 그가 참된 회개로 자신이 불순종했던 하나님께 매달리고, 참 신앙으로 그리스도의 피를 의지한다면, 하나님의 자녀로서의 그와 하나님의 관계는 완전히 깨어지지 않고 그의 영혼의 평화는 회복될 것이다. 그러나 이 사실 역시 구원을 유지하는 조건은 순종이라는 근본적인 명제를 결코 무효화하지 못한다.

셋째, 최종적 구원의 조건은 끝까지 순종하는 것이다. "끝까지 견디는 자는 구원을 얻으리라"(마 10:22, 24:13). 이 말씀이 누군가는 끝까지 견디지 못할 것임을 뜻하지 않는다면 도대체 어떤 의미겠는가? 사도행전 14:22에서 바울과 바나바는 소아시아의 그리스도인들을 방문해 "이 믿음에 머물러 있으라"라고 권한다. 만약 한 번 그리스도인이 된 사람은 자연히 믿음에 머물러 있을 수밖에 없다면, 왜 그런 권면이 필요했겠는가? 그리고 (하나님은 그 자녀를 타락하게 허락하지 않으신다는 사람들의 말에 함축된 것처럼) 믿음을 유지하는 문제에 대해 그리스도인이 아무런 책임이 없다면, 왜 바울은 마치 그들이 무엇인가를 할 수도 있고 하지 않을 수도 있는 양 그들이 믿음에 머물러 있어야 한다고 권면했겠는가? 만약 그것이 '성도의 견인이 아닌 구원자의 견인'이라면, 왜 사도는 모든 문제를 결정하시는 구원자께 그들이 믿음에 머물러 있도록 만드셔야 한다고 권면하지 않았는가? 그러나 그와 정반대로 구원자께서는 마태복음 12:36-37에서 심판 날에는 "네 말로 의롭다 함을 받고 네 말로 정죄함을 받으리라"라고 말씀하신다. 그분은 "내 말이 너에게 전가됨으로 네가 의롭다 함을 받는다"라고 말씀하시지 않는다. 이러한 내용은 다음 구절들에서도 동일하게 발견된다.

- "이런 일을 행하는 자를 판단하고도 같은 일을 행하는 사람아, 네가 하나님의 심판을 피할 줄로 생각하느냐 혹 네가 하나님의 인자하심이 너를 인도하여 회개하게 하심을 알지 못하여 그의 인자하심과 용납하심과 길이 참으심이 풍성함을 멸시하느냐 다만 네 고집과 회개하지 아니한 마음을 따라 진노의 날 곧 하나님의 의로우신 심판이 나타나는 그날에 임할 진노를 네게 쌓는도다 하나님께서 각 사람에게 그 행한 대로 보응하시되 참고 선을 행하여 영광과 존귀와 썩지 아니함을 구하는 자에게는 영생으로 하시고 오직 당을 지어 진리를 따르지 아니하고 불의를 따르는 자에게는 진노와 분노로 하시리라 악을 행하는 각 사람의 영에는 환난과 곤고가 있으리니 먼저는 유대인에게요 그리고 헬라인에게며 선을 행하는 각 사람에게는 영광과 존귀와 평강이 있으리니 먼저는 유대인에게요 그리고 헬라인에게라 이는 하나님께서 외모로 사람을 취하지 아니하심이라 무릇 율법 없이 범죄한 자는 또한 율법 없이 망하고 무릇 율법이 있고 범죄한 자는 율법으로 말미암아 심판을 받으리라 하나님 앞에서는 율법을 듣는 자가 의인이 아니요 오직 율법을 행하는 자라야 의롭다 하심을 얻으리니"(롬 2:3-13).

- "형제들아 내가 너희에게 전한 복음을 너희에게 알게 하노니 이는 너희가 받은 것이요 또 그 가운데 선 것이라 너희가 만일 내가 전한 그 말을 굳게 지키고 헛되이 믿지 아니하였으면 그로 말미암아 구원을 받으리라"(고전 15:1-2).

- "그러나 여자들이 만일 정숙함으로써 믿음과 사랑과 거룩함에 거하면 그의 해산함으로 구원을 얻으리라"(딤전 2:15).

- "네가 네 자신과 가르침을 살펴 이 일을 계속하라 이것을 행함으로 네 자신과 네게 듣는 자를 구원하리라"(딤전 4:16).

- "그러므로 어디서 떨어졌는지를 생각하고 회개하여 처음 행위를 가지라 만일 그리하지 아니하고 회개하지 아니하면 내가 네게 가서 네 촛대를 그 자리에서 옮기리라"(계 2:5).

- "이기는 그에게는 내가 하나님의 낙원에 있는 생명나무의 열매를 주어 먹게 하리라"(계 2:7).

- "너는 장차 받을 고난을 두려워하지 말라 볼지어다 마귀가 장차 너희 가운데에서 몇 사람을 옥에 던져 시험을 받게 하리니 너희가 십 일 동안 환난을 받으리라 네가 죽도록 충성하라 그리하면 내가 생명의 관을 네게 주리라"(계 2:10).

- "이기는 자는 둘째 사망의 해를 받지 아니하리라"(계 2:11).

- "이기는 그에게는 내가 감추었던 만나를 주고 또 흰 돌을 줄 터인데 그 돌 위에 새 이름을 기록한 것이 있나니 받는 자밖에는 그 이름을 알 사람이 없느니라"(계 2:17).

- "또 내가 사망으로 그의 자녀를 죽이리니 모든 교회가 나는 사람의 뜻과 마음을 살피는 자인 줄 알지라 내가 너희 각 사람의 행위대로 갚아 주리라"(계 2:23).

- "다만 너희에게 있는 것을 내가 올 때까지 굳게 잡으라"(계 2:25).

- "이기는 자와 끝까지 내 일을 지키는 그에게 만국을 다스리는 권세를 주리니"(계 2:26).

- "이기는 자는 이것들을 상속으로 받으리라 나는 그의 하나님이 되고 그는 내 아들이 되리라 그러나 두려워하는 자들과 믿지 아니하는 자들과 흉악한 자들과 살인자들과 음행하는 자들과 점술가들과 우상숭배자들과 거짓말하는 모든 자들은 불과 유황으로 타는 못에 던져지리니 이것이 둘째 사망이라"(계 21:7-8).

다음 성경구절들 역시 최후의 운명은 개인의 영혼의 상태가 의로운지 불의한지에 따라 결정될 것임을 명백히 보여 준다.

- "선한 일을 행한 자는 생명의 부활로, 악한 일을 행한 자는 심판의 부활로 나오리라"(요 5:29).
- "자기의 육체를 위하여 심는 자는 육체로부터 썩어질 것을 거두고 성령을 위하여 심는 자는 성령으로부터 영생을 거두리라"(갈 6:8).
- "모든 사람과 더불어 화평함과 거룩함을 따르라 이것이 없이는 아무도 주를 보지 못하리라"(히 12:14).
- "만일 우리가 하나님과 사귐이 있다 하고 어둠에 행하면 거짓말을 하고 진리를 행하지 아니함이거니와"(요일 1:6).
- "사랑하는 자여 악한 것을 본받지 말고 선한 것을 본받으라 선을 행하는 자는 하나님께 속하고 악을 행하는 자는 하나님을 뵈옵지 못하였느니라"(요삼 11).

바울은 다음 두 구절에서 각종 죄의 목록을 제시한 후, 두 구절 모두에서 그런 일을 행하는 사람은 "하나님의 나라를 유업으로 받지 못한다"는 사실을 강조한다.

- "불의한 자가 하나님의 나라를 유업으로 받지 못할 줄을 알지 못하느냐 미혹을 받지 말라 음행하는 자나 우상숭배하는 자나 간음하는 자나 탐색하는 자나 남색하는 자나 도적이나 탐욕을 부리는 자나 술 취하는 자나 모욕하는 자나 속여 빼앗는 자들은 하나님의 나라를 유업으로 받지 못하리라"(고전 6:9-10).

- "육체의 일은 분명하니 곧 음행과 더러운 것과 호색과 우상숭배와 주술과 원수 맺는 것과 분쟁과 시기와 분냄과 당 짓는 것과 분열함과 이단과 투기와 술 취함과 방탕함과 또 그와 같은 것들이라 전에 너희에게 경계한 것같이 경계하노니 이런 일을 하는 자들은 하나님의 나라를 유업으로 받지 못할 것이요"(갈 5:19-21).

어떤 사람이 틀림없이 거듭났지만 그의 인생에서 나중에는 이러한 어둠의 일들 중 일부나 전부를 행한다고 해보자. 우리는 이 모든 성경구절이 그를 제외하고 다른 모든 사람에게만 적용된다고 말할 것인가? 만약 그렇다면 이는 죄인을 멸망시킬 죄들이 그리스도인은 멸망시킬 수 없고, 하나님이 공정한 심판자이심을 가르치는 성경말씀과 달리 하나님은 공정하지 않음을 의미할 것이다. 그것은 회심의 순간 죄에서 치명성이 제거되었음을 의미하고, 이는 또다시 중생 시에 적용된 그리스도의 속죄가 죄의 성격을 바꾸어 놓는다고 주장하는 것이 될 것이다. 따라서 우리는 우리의 근본적인 문제로 돌아오게 된다. 그러나 그것은 미국 정부가 현수막에 "살인을 저지른 모든 사람은 죽음에 처한다"라고 적은 후 그 아래 작은 글씨로 "이는 공무원 이외의 사람에게만 적용된다"라고 적은 것만큼이나 불의한 처사가 아니겠는가? 그런 일은 일반 상식과도, 하나님 말씀의 분명한 선언과도 배치된다.

그러나 일관성을 지닌 칼빈주의자들의 주장에 따르면, 죄의 일반적인 결과는 그리스도인에게는 해당되지 않는다. 그리고 견인을 통한 최종적 구원은 순종을 조건으로 하지 않는다. 중생 이후 짓는 죄는 영생에 관한 한 아무런 영향을 끼치지 못한다. 나의 한 친구는 '영원한 구원 보장'을 주장하는 현대의 한 설교자가 태평양 연안에서 열린 큰 청소년 집회에서 청소년들을 향해 "여학생 여러분, 반드시 거듭나야 합니다! 반드시 거듭나기 바랍니다! 그러면 여러분이 죄를 짓고 수치스럽게 죽더라도 우리는 천국에서 만날 것입니다"라고 설교하는 것을 들었다. 이어서 남학생들에게는 "남학생 여러분, 반드시 거듭나야 합니다! 반드시 거듭나기 바랍니다! 그러면 여러분이 깊은 죄에 빠져 술에 취해 난투극을 벌이다 죽어도 우리는 천국에서 만날 것입니다"라고 설교했다. 예배가 끝난 후 몇몇 목사가 서로 대화를 나누었는데, 그들은 정말로 놀라서 "그가 말하는 것을 들었습니까? 어떻게 청소년들에게 마음껏 죄를 지으라고 말할 수 있나요!"라고 외쳤다. 그러나 그 목사들은 만약 자신들이 믿는 교리가 옳다면, 그 설교자가 말한 것이 틀리지 않았다는 점을 깨닫지 못하는 것 같았다.

우리는 현대판 '성도의 견인' 교리를 언급하지 않고 이 장을 끝낼 수 없다. 이 해석은 (전혀 새로운 것이 아니지만 최근에 다시 유행하고 있는데) 매우 그럴듯하고 교묘해, 사람들은 그것을 믿으면서 동시에 지금까지 이 장에서 말한 모든 사실에도 동의할 수 있다. 어떤 칼빈주의 그룹은 우리가 죄에 대해 말한 성경적 사실을 모두 인정할 뿐 아니라, 죄 속에서 살아가는 사람은 죽음에 거하고, 죄 속에서 죽는 사람은 영원히 버림받는다는 것에 동의한다. 그러나 이 정도까지 후퇴한 후에는, 참으로 거듭난 사람은 그 정도까지 죄를 짓지 않거나, 죽기 전에는 반드시 바른 삶을 회복한다고 주장하면서 더는 물러서지 않는다. 그들은 만약 신학 교수가 과거에 짓던 죄를 다시 지으면, 그것은 그가 실제로는 중생한 적이 결코 없었다는 사실에 대한 충분한 증거가 된다고 주장한다. 토레이(R. A. Torrey) 박사는 『질문과 대답』(Questions and Answers)에서 다음과 같이 말했다.

"사람이 한 번 거듭난 후 다시 죄에 빠지더라도 영원히 멸망하는 것은 아니다. 예수 그리스도는 거듭난 사람이 죄에 빠지지 않게 하신다. 그는 죄에 빠질 수 있고, 심각한 죄에 빠질 수도 있지만, 예수 그리스도께서는 그를 회복시키신다. 그분은 한 마리 잃은 양을 찾으러 나서셔서 반드시 그를 찾으실 것이다(눅 15:4). 계속 죄를 지으면서도 '나는 하나님의 자녀이기에 결코 멸망할 수 없다'고 말하는 사람에게는 구원에 대한 어떤 보장도 있을 수 없다. … 만약 사람이 죄에 빠져 계속 죄를 지으면, 그것은 그가 하나님의 자녀가 아니며, 구원받지 않았고, 결코 중생한 적이 없다는 사실을 증거한다."

그의 주장은 간단하다. 토레이 박사는 죄 속에서 죽는 모든 사람은 멸망한다는 것을 인정한다. 그는 추론에 의해, 사람이 한 번 구원받았더라도 죄 속에서 죽는다면 그 역시 멸망할 수 있음을 인정한다. 그러나 동시에 구원받은 사람은 결코 죄 속에서 죽지 않을 것이라고 확신한다. 구원자께서 반드시 그렇게 만드실 것이기 때문이다. 토레이 박사를 통해 알 수 있듯, 칼빈주의 체계 전체, 특히 무조건적 견인 교리는 단 한 가지 문제에 의해 좌우된다. 그것은 사람들의 실제 삶에서 과거에 정말로 구원받은 적이 있는 사람이 다시 옛 삶으로 돌아가 계속해서 죄를 지을 수 있는지 여부다. 이것이 핵심이다. 나는 성경과 세상의 역사 전체에서, 과거에 참으로 구원받은 적이 있지만 이후에 끔찍한 죄를 다시 짓고 그 상태로 죽은 사람이 아무도 없다고 확신한다면, 이 책을 불태워 버릴 것이다. 그리고 이후에는 비록 다른 교리들과 조화시킬 수 없더라도 '영원한 구원 보장'을 실제 사실로 믿을 것이다.

그러나 더 깊은 논의로 들어가기 전에 우리는 이 온건한 입장 역시 본래의 순수한 칼빈주의와 근본적으로 다르지 않다는 사실에 주목해야 한다. 이 역시 인간의 구원의 모든 책임을 오직 하나님께만 돌리기 때문이다. 사람은 스스로의 힘으로는 타락할 능력도, 타락한 상태에 머물 능력도 없다. 잃은 양은 자신을 찾는 목자의 노력에 어떤 저항도 할 수 없다. 탕자는 집으로 돌아가야 한다는 충동에 저항해 마음을 완고하게 할 능력이 없다. 이처럼 그리스도인은 하나님의 손에서 벗어날 능력이 없다. 결국 이러한 입장은 그리스도인은 그 문제에서 선택권과 진정한 책임성이 없음을 뜻하지 않는가? 우리는 일찍이 이 책에서, 만약 우리가 인간이 참으로 자유를 가진 존재임을 부인하는 칼빈주의의 이 주장을 받아들이면, 우리는 두 번째, 세 번째, 네 번째 주장도 받아들일 수밖에 없고, 토레이 박사가 피하려 했던 죄와 관련된 그 모든 오류에 스스로 다시 얽매일 수밖에 없음을 보여 주었다(2장 참고).

그러나 영광스럽게 구원받은 후 죄 중에 죽는 사람이 아무도 없는가? 이것이 문제의 핵심이다. 이 질문에 답하기 위해 존 고프(John B. Gough)가 『강단의 메아리』(*Platform Echoes*)에서 던진 예리한 질문에 귀 기울여 보자.

"과거에 마음에 하나님의 은혜를 지녔다 이후에 파멸한 사람이 아무도 없는가? 당신은 목회직에서 내쫓긴 사역자들이라 해서 과거 마음에 하나님의 은혜를 소유했던 적이 한번도 없었다고 말할 수 있는가? 당신은 헌신된 그리스도인으로 중국에서 현지 여성들에게 기독교를 가르치면서 8년을 보낸 후, 집으로 돌아와 자신이 아닌 중국 여성들을 위해 모금하기 위해 여성들에게 그들이 무엇을 필요로 하는지에 대해 강의했던 그 여성 사역자가 과거 마음에 전혀 은혜를 받은 적이 없다고 말할 수 있겠는가? 그런데도 그녀는 보스턴의 한 호텔에서 술에 취한 채 죽었고, 그 옆에는 빈 브랜디 술병이 있었다. 그녀는 내가 개인적으로 알던 사람이다."

이런 사례는 수없이 많다. 칼빈주의 형제들은 "그러나 그들은 외견상 회심으로 보이는 것에 속았을 뿐, 실제로는 참으로 거듭난 것이 아니었다"는 말로 쉽게 문제를 해결하려 하지만, 그것은 전혀 도움이 되지 않는다. 이런 주장에 대해 우리는, 누군가의 회심의 진실성을 입증하는 증거가 그의 회심이 실제임을 증거한다고 말한다. 사람이 구원받은 것이 확실함을 알 수 있는 증거는 전혀 없는가? 만약 우리가 주장하는 교리에 끼워 맞추기 위해 그런 기준을 무시한다면, 우리는 어떻게 누군가가 구원받았다고 확신할 수 있는가? 하나님께서 구원을 추구하는 영혼이 그렇게 쉽게 속는 것을 허용하시겠는가? 만약 그렇다면 우리 각 사람은 자신이 속지 않았다는 것을 어떻게 알 수 있는지 물어야 하지 않겠는가? 확실한 유일한 방법은 자신이 끝까지 신앙 안에 있는지 기다려 보는 것이다. 그래서 죄 가운데서 죽으면 자신이 회심했다고 믿었던 것은 결국 스스로에게 속은 것이다. 끝까지 바른 신앙을 유지하면 참으로 중생한 것이다! 결국 근본주의적 칼빈주의에 대한 샘 존스(Sam Jones)의 다음 묘사는 단지 풍자가 아니라 어느 정도의 진리가 내포되어 있는 셈이다. "혹 내가 신앙을 추구하더라도 그것을 찾을 수는 없다. 혹 내가 그것을 발견하더라도 그것을 소유할 수는 없다. 혹 내가 그것을 소유했다면 그것을 잃을 수는 없다. 혹 내가 그것을 잃었다면 그것을 소유한 적조차 없었던 것이다."

진정으로 우리는 다음과 같은 주장을 유일하게 안전하고 성경적인 원리로 믿는다. 만약 사람이 뚜렷한 회심과 그에 동반되는 성령의 증거, 그리고 그 이후의 거룩하고 경건한 삶, 하나님 말씀과 은혜의 방편 사용에서 느끼는 분명한 기쁨, 형제에 대한 사랑, 기쁨이 넘치는 간증, 내적 평화와 하나님 안에서의 기쁨과 같은 성경적 그리스도인의 징표를 가지고 있으면, 우리는 그가 참으로 살아 있는 포도나무에 접붙임 받았고, 그 이름은 어린양의 생명책에 기록되었음을 확신할 것이다. 분별력 있는 사람이, 그리스도인이 나중에 배교하고 죽었다는 이유로 그런 중생을 위선이나 기만으로 낙

인찍는 일을 떠맡는다면 그것은 스스로 감당하기 힘든 책임을 떠안는 일 아니겠는가?

예를 들어, 사울의 경우를 보자. 토레이 박사는 "우리는 그가 진정으로 중생한 신자였다고 믿을 이유가 전혀 없다"고 말한다. 정말 그럴까? 그렇다면 우리는 어떤 사람도 중생했다고 믿을 충분한 이유가 없다. 그의 회심의 증거는 우리가 오늘날 회심의 충분한 증거가 있다고 믿는 사람들의 것과 동일하기 때문이다. 사무엘상 10장은 (1) 하나님께서 그에게 마음의 변화를 주셨고(9절), (2) 하나님의 영이 그에게 강하게 임하셨으며(10절), (3) 사람들이 그의 변화를 증언했고(11-12절), (4) 하나님의 큰 축복이 그에게 임했다고(24절) 말씀한다. 오늘날의 누가 참된 구약 신앙에 대해 이보다 강한 증거를 나타내 보일 수 있겠는가? 예를 들어, 토레이 박사의 모임에서 어떤 사람이 마음의 변화를 받았는데, 단지 새로운 결심만 하거나 어떤 새로운 관점만 갖는 것이 아니라, 하나님에 의해 초자연적으로 변화를 받은 것이라고 해보자. 그리고 주님의 영이 그에게 강하게 임하셔서 그는 즉시 엄청난 간증거리가 있는 하나님의 사람들 중 한 사람이 되었는데, 이 변화가 이웃들이 알 수 있을 만큼 너무나 뚜렷해, 그들이 어떤 일이 그에게 일어났다고 말할 정도였다고 해보자. 그리고 하나님께 영감을 받은 사람들이, 하나님께서 중대한 일을 위해 그를 택하셨다고 기록했다고 해보자. 토레이 박사 자신이 이 일을 성령에 의한 회심의 가장 놀랍고도 분명한 사례로 여기지 않았겠는가? 당연히 그랬을 것이다! 만약 어떤 사람이 이 모든 증거를 가지고도 여전히 구원받지 못했다고 한다면, 우리는 어떻게 그럴 수 있는지 의아

해할 것이다. 어떤 사람도 교적부에 이름을 올리고, 몇 가지 질문에 답하고, 교회 구성원이 되는 것만으로는 하나님 나라에 들어가기를 바랄 수 없음은 분명하다! 사울이 중생한 사람이라는 사실은 분명하다. 그러나 동시에 그가 확실히 끔찍하고 철저하며 영원한 배교의 상태로 죽었다는 것 역시 분명하다. 토레이 박사조차도 이를 부인하지는 않을 것이다. 따라서 그의 생각에 따르면 사울은 멸망했을 수밖에 없다.

그러나 한 번 구원받은 사람이 이후에 죄 가운데서 죽는 사례를 보여 주는 것보다 죄는 영생을 상실하게 한다는 것을 입증할 수 있는 더 직접적인 방법이 있다. 요한1서 3:15은 "그 형제를 미워하는 자마다 살인하는 자니 살인하는 자마다 영생이 그 속에 거하지 아니하는 것을 너희가 아는 바라"라고 말씀한다. 그러나 어떤 사람은 이 말씀을 알지 못하는 것 같다. 칼빈주의자들은, 신자는 그리스도께서 다시 오실 때 자신의 면류관과 온전한 상급을 잃고 부끄러워하면서 구주 예수 그리스도의 나라에 "넉넉히 들어가지"(벧후 1:11) 못하고, 그의 "공적이 불타"(고전 3:15) 하나님의 일꾼으로서 인정받지 못할 수 있지만, 그럴지라도 영생을 상실하지는 않으며, 그것이 바로 구원의 본질임을 철저히 강조한다. 그들은 신자는 영생을 가졌고, 그것은 현재만이 아니라 영원히 유효하다고 주장한다. 존 웨슬리는 현재적으로 영생을 소유하는 것은 현재 믿는 것을 조건으로 하며, 현재 믿지 않는 것이 구원받지 못한 사람의 영원한 저주를 의미하지 않는 것처럼, 현재 믿는다는 것이 미래의 영생까지 보증하지 못한다고 말한다. 불신자가 불신앙을 그치고 저주받은 상태에서 벗어날 수 있는 것처럼 신자 역시 신앙을 버리고 구원을 상실할 수 있다. 그러나 이는 잠시 주제를 벗어난 논의다. 우리가 지금 주목하고자 하는 것은 '영생'이라는 용어를 사용하고 있는 요한1서 3:15이다. 이 구절에서 사용된 '거한다'(abiding, 머문다)는 용어는 중요하다. 이 구절은 살인하는 자마다 영생을 가진 적이 없다고 하지 않고, 영생이 그 속에 머물러 있지 않는다고 말씀함으로, 그가 전에는 영생을 가졌음을 시사한다. 만약 한 번 구원받은 사람이라면 누구도 영생을 상실할 수 없다면, 한 번 구원받은 사람이라면 누구도 이후에 살인자가 될 수 없다는 주장을 입증할 책임은 그것을 주장하는 사람들에게 있다. 그런데 그들은 이것을 입증할 수 없다. 다윗은 범죄하기 전에 구원받은 사람이었다. 그는 중요한 회개의 기도에서 "주의 구원의 즐거움"을 "내게 주옵소서"가 아니라 "내게 회복시켜 주시고"(시 51:12)라고 간구했다. 그러나 다윗은 구원의 즐거움을 알고, 하나님의 마음에 맞는 사람이라는 말씀을 들은 후(행 13:22) 간음자와 살인자가 되었다. 그 죄책으로 인해 극심한 고통 중에 있을 때 그는 영생을 소유하고 있었는가? 요한1서 3:15이 정확하다면, 그렇지 않다. 더욱이 시편 51편을 주의 깊게 읽는다면, 다윗이 자신을 '구원받은 죄인'으로 여긴다고 생각할 수 없을 것이다. 오히려 그 시편은 구원을 상실한 영혼의 절규다. 성경에는 죄가 얼마나 치명적인지를 이보다 더 날카롭고 생생하게 묘사하는 구절이 없다.

최근의 사례를 들어 보자. 나는 십 년 전 하나님의 사람이었던 한 사람을 개인적으로 알게 되었다. 그의 경건의 깊이와 그가 진실로 구원받았다는 사실은 그를 아는 많은 증인이 보증했을 것이다. 그의 거듭남은 위선이나 기만의 경우에 해당되지 않았다. 그는 진정한 그리스도인이었다. 그러나 지금 그의 마음은 선한 모든 것, 이전의 친구들과 교회와 하나님에 대한 악한 증오로 얼룩져 있다. 성경은 "그 형제를 미워하는 자마다 살인하는 자"라고 말씀하지 않는가? "살인하는 자마다 영생이 그 속에 거하지 아니하는 것을 너희가 아는 바라"(요일 3:15). 비록 과거에 그가 영생을 가졌더라도, 지금은 영생이 "그 속에 거하지 않는다."

에덴동산에서 사탄이 우리의 첫 부모를 속이는 데 성공함으로 죄는 그들의 영생을 파괴할 수 있었다. 사탄은 오늘날에도 사람들에게 '영원한 생명이 죽을 수 있는가?'라는 질문을 던진다. 그러나 아담과 하와가 슬픔을 겪고 나서야 "범죄하는 그 영혼은 죽는다"(겔 18:4)는 사실을 알게 된 것처럼, 오늘날의 많은 사람도 마찬가지다. 이는 사람이 어떤 섭리시대에 살고 있든 동일하다. 그리고 이 점은 하나님의 거룩하시고 의로우신 본성이 바뀌지 않는 한 영원히 바뀌지 않는다. 하나님은 변하지 않으신다는 바로 그 사실 때문에 그럴 수밖에 없다. 영원한 생명이 죽을 수 없다는 것은 분명하다. 그것은 하나님의 영원하신 본성에서 흘러나오기 때문이다. 그러나 영생은 떠날 수 있다. 영생은 죽지 않으나 우리는 죽는다. 어떤 사람은 "그러나 아담과 하와는 우리처럼 은혜 아래 있지 않았다. 그리스도의 속죄는 결코 떠나지 않는 영생을 제공한다"고 말할지도 모른다. 그러나 조심하라! 그런 말은, 칼빈주의의 주장에 대한 우리의 분석이 옳음을 인정하는 것일 뿐이다. 즉, 속죄는 모든 실제적 목적을 위해 죄의 성질을 바꾸어, 죄가 더는 영생에 영향을 끼치지 못하게 만들었다는 것이다. 만약 죄의 성질이 바뀌지 않았다면, 죄는 당연히 아담과 하와에게 행한 것과 같은 방식으로 우리에게 영향을 끼칠 것이다(2장과 3장 참고).

이 책의 중심 주제로 이 장을 다시 정리해 보자. 만약 초기적 구원의 조건이 회개와 관계있고, 구원 유지의 조건이 순종과 관계있으며, 최종적 구원의 조건이 끝까지 순종하는 것과 관계있다면, 우리는 회심 시 하나님께서 죄에서 치명성을 제거해 죄의 성질을 바꾸심으로 인간을 구원하지는 않으신다고 판단한다. 또 사람이 자신의 구원에 개인적 책임이 있다고 판단한다. 사람이 회개한 후 다시 죄를 선택하면 그는 영생을 상실하고 멸망할 것이다. 하나님께서는 죄의 성질을 바꾸심으로 그가 이후에 죄로 되돌아가거나 죄 속에서 죽더라도 영생을 상실하지 않게 하심으로 사람을 구원하시지 않고, 오히려 사람의 본성을 변화시켜 사람을 죄에서 빼내고 죄를 사람에게서 빼내어, 그가 "이 세상에서 거룩하고 의롭게" 살고 "종신토록 주의 앞에서 성결과 의로 두려움이 없이 섬기게"(눅 1:75) 하심으로 구원하신다.

이러한 변화는 참된 구원 보장의 유일한 기초다. 이 변화의 경험을 가진 사람은 하나님의 은혜로 모든 것이 잘 될 것이라는 온전한 평화와 행복하고도 위안이 되는 확신을 누린다. 그들은 두려움 없이 살아간다(요일 4:18, "사랑 안에 두려움이 없고 온전한 사랑이 두려움을 내쫓나니 두려움에는 형벌이 있음이라 두려워하는 자는 사랑 안에서 온전히 이루지 못하였느니라"). 그리고 온전한 사랑 없이는 온전한 확신이 있을 수 없음을 잘 알지만, 온전한 사랑을 발견했기에 확신을 누린다. 양심의 비난과 불안을 느끼면서도 불순종 가운데 사는 사람에게는 거짓된 평화밖에 존재할 수 없다. '한 번 은혜를 받으면 영원히 은혜를 상실하지 않는다'는 교리는 결국 비참한 위안을 가져오므로, 누구도 자신의 두려움을 잊기 위한 부적절한 목적으로 그것에 매달려서는 안 된다.

우리는 위험한 이단에 얽매이지 않기 위해 올바른 죄 이해를 가져야 할 필요성을 더욱 더 깨닫는다. 죄는 언제나 죽이고 저주하며 분리한다. 이는 간단하지만, 칼빈주의 체계와는 공존할 수 없는 말이다. 우리가 이 사실을 믿으면 그것은 느리지만 확실하게 가차없이 그 교리들이 의존하고 있는 모든 기둥을 무너뜨리는 망치가 될 것이다. 그리고 다른 모든 잘못된 교리 역시 무너뜨리게 될 것이다.

9장 속죄와 새 언약

"신약은 구약에 숨겨져 있고, 구약은 신약에 나타나 있다."

– 아우구스티누스

"은혜는 우리에 대한 하나님의 사랑에서 시작하고,
하나님에 대한 우리의 사랑에서 끝난다."

– 작자 미상

속죄의 결과로 죄의 성질이 바뀐다고 가르친 사람들의 주장을 주의 깊게 살펴보면 종종 율법과 은혜, 옛 언약과 새 언약의 관계를 부적절하게 혼동하고 있음을 알 수 있다. 우리는 그들의 글과 대화에서 이런 문제가 두드러지게 발견되는 곳을 쉽게 알아차릴 수 있고, 끔찍하게도 그들이 옛 언약과 새 언약, 율법과 복음을 완전히 적대관계로 여긴다는 인상을 확실히 받게 된다. 우리가 대화를 나눈 어떤 사람들은 "그렇지만 우리는 율법이 아닌 복음 아래 있습니다"라는 말로 그리스도인의 삶에서 어느 정도의 죄를 허용하기까지 했고, "바로 그 점이 모든 어려움을 제거합니다"라며 단호하고 만족스러운 어조로 말했다. 그러나 우리는 친절하게 기도하는 마음으로 그들을 참으로 돕기 위해, 그들의 주장에 결코 쉽게 해결될 수 없는 어떤 성경적 문제가 있는지 말하고자 한다.

우리는 어떤 의미로 율법에서 자유로운가? 은혜는 무엇이며, 은혜에 의해 우리는 어떤 방식으로 구원받는가? 새 언약의 근본적인 의미와 역할은 무엇인가? 이 장에서는 이러한 문제를 주의 깊게 논의할 것이다.

가장 먼저 우리는 옛 언약에 관한 성경의 가르침을 살펴볼 필요가 있는데, 성경은 일차적 언약과 이차적 언약을 구분한다. 일차적 언약은 도덕적이고 영적인 것으로, 십계명의 형태로 주어져 두 돌판에 기록되었다. "여호와께서 그의 언약을 너희에게 반포하시고 너희에게 지키라 명령하셨으니 곧 십계명이며 두 돌판에 친히 쓰신 것이라"(신 4:13). 이차적 언약은 상세하고 복잡한 의식법으로 이루어져 있고 피로써 확증되었다. "모세가 그 피를 가지고 백성에게 뿌리며 이르되 이는 여호와께서 이 모든 말씀에 대하여 너희와 세우신 언약의 피니라"(출 24:8). 이 이차적 언약은 희생제물과 속죄제물을 통해 일차적 언약을 위반한 죄를 속죄하기 위한 임시방편을 제공했다(갈 3:19, "그런즉 율법은 무엇이냐 범법하므로 더하여진 것이라 천사들을 통하여 한 중보자의 손으로 베푸신 것인데 약속하신 자손이 오시기까지 있을 것이라"; 히 9:7, "오직 둘째 장막은 대제사장이 홀로 일 년에 한 번 들어가되 자기와 백성의 허물을 위하여 드리는 피 없이는 아니하나니"). 또 이 이차적 언약은 성막, 제사장 직분, 안식일, 각종 절기, 개인 삶에 관한 세부 규정과 함께 (1) 그리스도의 모형 역할을 했고(골 2:16-17), (2) 거룩해야 함과 (3) 피 흘림이 죄를 사하는 수단임을 가르쳤다(히 9:1-15). 신약에서 구약의 언약에 관해 무엇인가를 말하면 이제 우리는 그것이 일차적 언약에 대한 것인지 이차적 언약에 대한 것인지를 현명하게 구분할 수 있을 것이다.

그뿐 아니라 신약에서는 율법이라는 용어를 늘 같은 의미로 사용하지 않는다. 율법은 기능적으로 분석하면 도덕법, 의식법, 시민법이라는 세 범주로 나뉜다. 따라서 우리는 신약에서 율법을 논의하는 내용을 접할 때 어떤 종류의 율법을 말하는지를 알아야 한다.

이제 몇 가지 기본 진리를 살펴보자.

1. 다음의 누가복음 1:72-75에 따르면, 새 언약은 문자 그대로 의와 성결을 개인적으로 경험하는 것으로 이루어진다. "우리 조상을 긍휼히 여기시며 그 거룩한 언약을 기억하셨으니 곧 우리 조상 아브라함에게 하신 맹세라 우리가 원수의 손에서 건지심을 받고 종신토록 주의 앞에서 성결과 의로 두려움이 없이 섬기게 하리라 하셨도다." 이 구절에는 죄에서 자유를 얻게 한다는 말씀이 직접적으로 언급되어 있지 않으나 이것이 새 언약의 정수 또는 새 언약 그 자체다. 만약 사람에게 의와 성결이 없다면 그는 새 언약에 대해 말할 수는 있으나 그 특권을 누리지는 못하는 것이다.

2. 다음의 로마서 5:21-6:2과 6:14-16에 의하면, 율법에서 자유를 얻고 은혜로 구원받는다는 것은, 하나의 죄라도 저지를 최소한의 자유조차 의미하지 않는다.

"이는 죄가 사망 안에서 왕 노릇 한 것같이 은혜도 또한 의로 말미암아 왕 노릇 하여 우리 주 예수 그리스도로 말미암아 영생에 이르게 하려 함이라 그런즉 우리가 무슨 말을 하리요 은혜를 더하게 하려고 죄에 거하겠느냐 그럴 수 없느니라 죄에 대하여 죽은 우리가 어찌 그 가운데 더 살리요 … 죄가 너희를 주장하지 못하리니 이는 너희가 법 아래에 있지 아니하고 은혜 아래에 있음이라 그런즉 어찌하리요 우리가 법 아래에 있지 아니하고 은혜 아래에 있으니 죄를 지으리요 그럴 수 없느니라 너희 자신을 종으로 내주어 누구에게 순종하든지 그 순종함을 받는 자의 종이 되는 줄을 너희가 알지 못하느냐 혹은 죄의 종으로 사망에 이르고 혹은 순종의 종으로 의에 이르느니라."

특히 6:1-2은 다음과 같이 말씀한다. "그런즉 우리가 무슨 말을 하리요 은혜를 더하게 하려고 죄에 거하겠느냐 그럴 수 없느니라 죄에 대하여 죽은 우리가 어찌 그 가운데 더 살리요." 이 구절은 구원과 죄의 관계의 문제를 영구적으로 해결한다. 누구도 그리스도인의 삶에서 죄를 지은 것에 대한 구실로 "그렇지만 우리는 율법이 아닌 은혜 아래 있습니다"라는 안일한 말을 사용하지 말아야 한다. 사람들은 그런 말을 들으면 자신이 율법에서 자유를 얻었기 때문에 잘못을 저질러도 될 자유가 있다고 생각하고, 은혜로 구원받는다는 것은 부드러운 마음을 지닌 느긋한 아버지가 제멋대로인 자녀에게 베푸는 넓은 아량 같은 것을 의미한다는 성급한 결론을 내린다. 그러나 바울은 자신의 말의 의미가 무엇이든 우리가 알고도 죄를 범한 데 대해서는 어떤 핑계도 대서는 안 된다는 사실을 명확히 한다.

3. 신약시대에 폐해진 율법은 십계명이라는 일차적 언약이 아니다. 예수님은 가장 큰 두 계명을 언급하시면서 참된 그리스도인의 사랑은 도덕적이고 영적인 율법 모두를 온전히 성취함을 말씀하셨다. "예수께서 대답하시되 첫째는 이것이니 이스라엘아 들으라 주 곧 우리 하나님은 유일한 주시라 네 마음을 다하고 목숨을 다하고 뜻을 다하고 힘을 다하여 주 너의 하나님을 사랑하라 하신 것이요 둘째는 이것이니 네 이웃을 네 자신과 같이

사랑하라 하신 것이라 이보다 더 큰 계명이 없느니라"(막 12:29-31). 이 구절은, 온전한 사랑을 누리는 사람이라면 확실히 십계명 중 어떤 계명도 깨뜨리지 않을 것이라고 말씀하는데, 이것이 신약의 참된 그리스도인을 특징짓는 사랑이다. 어떤 사람은 "그의 계명은 이것이니 곧 그 아들 예수 그리스도의 이름을 믿고"라는 요한1서 3:23의 앞 부분만 인용한다. 그러면서 그것이 '복음적 율법'(gospel law)으로서 신약시대에 속한 '사람이 행해야 할 의무의 전부'라고 주장한다. 그러나 우리는 동일한 구절의 뒷 부분은 "그가 우리에게 주신 계명대로 서로 사랑할 것이니라"라고 말씀하고 있음을 상기해야 한다. 복음은 우리에게 "사랑으로써 역사하는 믿음"(갈 5:6)을 요구하며, 이 사랑은 하나님이나 사람을 거슬러 고의로 죄를 짓지 않는다. 바울은 로마서 13:8-10에서도 동일한 내용을 강조해 분명히 말한다.

"피차 사랑의 빚 외에는 아무에게든지 아무 빚도 지지 말라 남을 사랑하는 자는 율법을 다 이루었느니라 간음하지 말라, 살인하지 말라, 도둑질하지 말라, 탐내지 말라 한 것과 그 외에 다른 계명이 있을지라도 네 이웃을 네 자신과 같이 사랑하라 하신 그 말씀 가운데 다 들었느니라 사랑은 이웃에게 악을 행하지 아니하나니 그러므로 사랑은 율법의 완성이니라."

예수님은 산상수훈에서 십계명을 폐하시지 않고 새로운 방식으로 강조하셨다. 우리는 이 점을 다음과 같은 표현을 통해 알 수 있다. "옛 사람에게 말한 바 살인하지 말라 누구든지 살인하면 심판을 받게 되리라 하였다는 것을 너희가 들었으나 나는 너희에게 이르노니 형제에게 노하는 자마다 심판을 받게 되고 형제를 대하여 라가라 하는 자는 공회에 잡혀가게 되고 미련한 놈이라 하는 자는 지옥 불에 들어가게 되리라"(마 5:21-22). "또 간음하지 말라 하였다는 것을 너희가 들었으나 나는 너희에게 이르노니 음욕을 품고 여자를 보는 자마다 마음에 이미 간음하였느니라"(마 5:27-28). 그렇다면 십계명은 하나님께서 특정한 사람들에게 제한된 기간 동안 주신 한시적 조치가 아니라, 모든 시대에 효력이 있고 모든 사람을 판단하는 근거가 되는 신적 통치의 가장 근본적인 법이다. 이 율법은 모세에게서 시작되었거나 그의 시대와 함께 끝나는 것이 아니다. 그리스도의 속죄도, 하나님의 은혜도 십계명 중 단 하나의 계명조차 무효로 만들지 않는다. 오히려 그 둘 모두는 십계명을 굳게 세운다(롬 3:31, "그런즉 우리가 믿음으로 말미암아 율법을 파기하느냐 그럴 수 없느니라 도리어 율법을 굳게 세우느니라"; 마 5:17, "내가 율법이나 선지자를 폐하러 온 줄로 생각하지 말라 폐하러 온 것이 아니요 완전하게 하려 함이라").

　제임스 B. 워커는 이 심오한 진리를 『구원 계획에 대한 철학적 변증』(The Philosophy of the Plan of Salvation)에서 다음과 같이 반박할 수 없도록 훌륭하게 설명했다. "도덕법은 세상의 모든 지적 존재에게 영원히 적용된다. 사람의 행동을 바르게 하거나 그들의 잘못을 용서하기 위해 어떤 방법을 사용하든, 옳음에 대한 기준 자체는 의와 거룩함에 토대를 두고 영원하신 분의 양심에 의해 유지되어, 그 기준을 만드신 분처럼 변하지 않고 영원해야 한다. 이에 비해 그 기준을 나타내는 방편과 표현방법, 영향력은 각기 다른 시대의 사람들에게 자비를 베푸는 수단으로서, 사람들이 그 기준에 따라 행할 수 있도록 적절히 설계되고 수정되었다."

4. 불의나 고의적 죄의 죄책 속에 살아가는 사람들은 여전히 율법 아래 있다. 비록 은혜의 시대에 살고 있지만 그들은 아직 실제적이고 개인적으로 은혜 아래 있지 않다. 바울은 율법이 여전히 불순종하는 사람들과 죄인들에게 유효하며, 모든 방식의 죄는 "바른 교훈을 거스른다"고 말한다. "그러나 율법은 사람이 그것을 적법하게만 쓰면 선한 것임을 우리는 아노라 알 것은 이것이니 율법은 옳은 사람을 위하여 세운 것이 아니요 오직 불법한 자와 복종하지 아니하는 자와 경건하지 아니한 자와 죄인과 거룩하지 아니한 자와 망령된 자와 아버지를 죽이는 자와 어머니를 죽이는 자와 살인하는 자며 음행하는 자와 남색하는 자와 인신매매를 하는 자와 거짓말하는 자와 거짓맹세하는 자와 기타 바른 교훈을 거스르는 자를 위함이니 이 교훈은 내게 맡기신 바 복되신 하나님의 영광의 복음을 따름이니라"(딤전 1:8-11). 이 구절에서 바울은 '죄 짓는 기독교'를 "바른 교훈"으로 말하지 않는다. 또 그가 갈라디아서 5:18에서 "너희가 만일 성령의 인도하시는 바가 되면 율법 아래에 있지 아니하리라"라고 말한 것은, 분명 성령의 인도하심을 받지 않는 사람 곧 죄 짓는 사람들은 율법 아래 있다고 한 것이 아닌가? 그렇다면 자신을 그리스도인으로 부르면서 죄에 관대한 사람들은 율법에서의 자유를 말해서는 안 된다. 그들은 여전히 율법 아래 있기 때문이다. 율법 위반자들에게 적용되는 율법은 여전히 차고 넘친다.

5. 새 언약은 일차적인 옛 언약을 대체하지 않고 오히려 그것을 사람의 마음에 새긴다. "또 주께서 이르시되 그날 후에 내가 이스라엘 집과 맺을 언

약은 이것이니 내 법을 그들의 생각에 두고 그들의 마음에 이것을 기록하리라 나는 그들에게 하나님이 되고 그들은 내게 백성이 되리라"(히 8:10). 이 말씀은 새 언약의 본질과 그 참된 의미를 알려 준다. 옛 언약은 두 돌판에 새겨진 십계명으로 이루어졌다. 그러나 새 언약은 같은 계명이 사람의 마음에 새겨지는 것으로 이루어진다. 이는 언약의 내용이 아니라 단지 언약이 자리하는 장소가 바뀌는 것이다. 이런 방식으로 율법은 폐해지지 않고 굳게 세워진다.

우리는 이 새로운 내면적 율법을, 단지 계명의 문자적 의미에만 순응하는 것으로 생각해서는 안 된다. 새 언약은 그 이상, 즉 하나님의 뜻 전체에 내면적으로 순종하는 것을 포함한다. 이는 특정 규칙을 얼마나 정확히 준수하는지에 달려 있는 율법적 의로움이 아니라, '성결의 영'에 의해 마음속에 형성되는 의로움이다. 또 익지로 노력해서 이루는 무거운 짐이 아니라, 자연스럽고 즐겁게 자유로이 행하는 의로움이다(참고. 신 30:11-14). "율법 조문은 죽이는 것이요 영은 살리는 것이니라"(고후 3:6).

바로 이것이 율법에서 자유를 얻는다는 말의 참된 의미다. 하나님의 율법이 인간 본성의 일부가 되면, 그것은 이제 법령집에 의해 강제되는 명령일 필요가 없다. 하나님의 도덕적 통치에 근본적인 십계명과 모든 관련된 계명이 우리 마음에 새겨지면 이제 더는 돌판에 새겨질 필요가 없다. 옛 언약이 율법으로 불리는 것은 그것이 기록되었기 때문이다. 사람들은 자신의 기질이 아닌 외부의 강제적인 규칙에 의해 의에 순응할 수밖에 없었다. 규칙은 그를 지배하는 폭군과 채찍이었다. 사실상 옛 언약은 인간 본성이 아닌 단지 규칙의 문제였기 때문에 힘이 없었다. 옛 언약은 인간의 기질을 자기 편으로 만들지 못하고 인간의 기질과 싸워야 했다. 사람이 도둑질하려는 성향이 있을 때는 자신이 율법의 억압 아래 있음을 느꼈다. 사람의 기질은 율법과 적대적인 관계였기에, 율법은 사람이 참된 의에 순응하도록 만들지 못했다. 오히려 이러한 상황을 통해 사람은 전적으로 악하다는 사실을 드러냈을 뿐이다(롬 7장). 그러나 새 언약 아래에서는 이 모든 것이 바뀌었다. 사람의 기질 또는 본성이 올바른 모든 것에 순응하게 되었고, 기록된 율법은 더는 그를 때리는 채찍일 필요가 없게 되었다. 그는 하나님을 너무나 사랑하게 되었기에, 그 앞에 다른 신을 두지 말라고 명령할 필요가 없게 되었다. 그는 이웃을 너무나 사랑하게 되었기에, 살인하거나 어떤 해도 끼치지 말라고 할 필요가 없게 되었다. 옳고 그름의 기준이 사람의 본성에 따라 변경된 것이 아니라, 인간의 본성이 그 기준에 부합하도록 변화를 받은 것이다. 이런 의미로 그는 율법에서 자유를 얻게 되었다. "너희가 만일 성령의 인도하시는 바가 되면 율법 아래에 있지 아니하리라"(갈 5:18)라는 말씀이 그대로 이루어진 것이다. 다시 말해, 성령의 인도하심을 받으면 우리는 신성한 충동에 의해 기꺼이 율법이 가리키는 의의 원리 그대로를 실천하게 된다. 그럴 때 우리는 채찍과 같이 우리를 압제하는 기록된 율법을 더는 필요로 하지 않는다.

그것은 마치 꿀벌이 입구가 넓은 병에서 나가려는 것과 같다. 꿀벌이 잘못된 '기질'을 가졌다면 넓은 입구가 활짝 열려 있음에도 병에 부딪히고 말 것이다. 이처럼 사람이 율법을 어기려는 기질을 가졌다면 그는 자신이 율법의 억압 속에 있다고 느낄 것이다. 그러나 꿀벌이 곧바로 위로 올라가면, 병에 닿지 않고 자유를 향해 날아오를 수 있다. 그는 병의 속박에서 자유를 얻는다. 이처럼 내면의 성향이 의와 성결로 변화 받아 온 영과 혼과 몸이 온전히 거룩하게 된(살전 5:23) 그리스도인은 하늘로 오르는 과정에서 율법과 아무런 갈등이 없다. 이같이 성화된 그리스도인이라면 세상의 모든 시, 도, 국가가 자신의 법(대부분 십계명의 정신에 기초해 있음)을 폐기한다 해도 그것이 그들의 기질이나 삶의 방식에 아무런 영향을 주지 않는다. 그들은 율법 아래 있지 않기 때문이다! 그리고 성령으로 충만해 사랑, 희락, 화평, 오래 참음, 자비, 양선, 충성, 온유, 절제로 살아간다. 그런 삶에 조금이라도 반대하는, 신뢰할 만한 법에 대해 들어본 적이 있는가?(갈 5:23).

"이는 그리스도 예수 안에 있는 생명의 성령의 법이 죄와 사망의 법에서 너를 해방하였음이라 율법이 육신으로 말미암아 연약하여 할 수 없는 그것을 하나님은 하시나니 곧 죄로 말미암아 자기 아들을 죄 있는 육신의 모양으로 보내어 육신에 죄를 정하사 육신을 따르지 않고 그 영을 따라 행하는 우리에게 율법의 요구가 이루어지게 하려 하심이니라"(롬 8:2-4).

그렇다면 우리가 어떤 의미에서 일차적인 옛 언약에서 자유롭게 되었는지는 매우 분명해졌다. 그러나 우리가 이차적인 옛 언약에서 자유로울 수 있는 기초는 무엇인가? 우리가 모세의 율법, 옛 언약, 율법 시대 등의 용어를 사용할 때 일반적으로 알아야 할 것은, 이러한 주제의 논의를 위해서는 지금까지와 전혀 다른 그룹의 성경구절들을 살펴보아야 한다는 것이다. 우리는 일반적인 비교를 통해 일차적 언약은 의의 항구적인 기초인 데 비해, 이차적 언약은 한시적 계획임을 알 수 있다. 일차적 언약이 의의 기준에 관한 것이라면, 이차적 언약은 그것을 이루는 방법과 양식에 관한 것이다. 신약은 일차적 언약의 장소를 두 돌판에서 우리의 마음판으로 바꿈으로 우리를 일차적 언약에서 자유롭게 한다면, 이차적인 옛 언약에서는 그것을 "더 아름다운 직분"과 "더 좋은 약속으로 세우신 더 좋은 언약"(히 8:6)으로 전적으로 대체함으로 우리를 이차적인 옛 언약에서 자유롭게 한다. 즉, "하늘에 있는 것의 모형과 그림자"(히 8:5)가 더 지속적이고 효과적인 실체로 대체된 것이다.

1. 따라서 넓은 견지에서, 모세의 율법을 외적 규칙과 의식이라는 수단을 통해 인간 삶을 헌신과 의의 기준에 순응시키고자 했던 일반적인 계획으로 생각해 보자. 이것은 구약에서 사용된 방법으로, 그 목적은 삼중적이다.

(1) 사람이 하나님을 의식하도록 한다(출 34장).

(2) 사람이 죄를 의식하도록 한다.

- "그러므로 율법의 행위로 그의 앞에 의롭다 하심을 얻을 육체가 없나니 율법으로는 죄를 깨달음이니라"(롬 3:20).

- "율법이 들어온 것은 범죄를 더하게 하려 함이라"(롬 5:20).

- "그런즉 우리가 무슨 말을 하리요 율법이 죄냐 그럴 수 없느니라 율법으로 말미암지 않고는 내가 죄를 알지 못하였으니 곧

율법이 탐내지 말라 하지 아니하였더라면 내가 탐심을 알지 못하였으리라 그러나 죄가 기회를 타서 계명으로 말미암아 내 속에서 온갖 탐심을 이루었나니 이는 율법이 없으면 죄가 죽은 것임이라 전에 율법을 깨닫지 못했을 때에는 내가 살았더니 계명이 이르매 죄는 살아나고 나는 죽었도다 생명에 이르게 할 그 계명이 내게 대하여 도리어 사망에 이르게 하는 것이 되었도다 죄가 기회를 타서 계명으로 말미암아 나를 속이고 그것으로 나를 죽였는지라 이로 보건대 율법은 거룩하고 계명도 거룩하고 의로우며 선하도다 그런즉 선한 것이 내게 사망이 되었느냐 그럴 수 없느니라 오직 죄가 죄로 드러나기 위하여 선한 그것으로 말미암아 나를 죽게 만들었으니 이는 계명으로 말미암아 죄로 심히 죄 되게 하려 함이라"(롬 7:7-13).

- "무릇 율법 행위에 속한 자들은 저주 아래에 있나니 기록된 바 누구든지 율법 책에 기록된 대로 모든 일을 항상 행하지 아니하는 자는 저주 아래에 있는 자라 하였음이라"(갈 3:10).

(3) 사람이 자신에게 구원이 필요함을 의식하게 한다.

"믿음이 오기 전에 우리는 율법 아래에 매인 바 되고 계시될 믿음의 때까지 갇혔느니라 이같이 율법이 우리를 그리스도께로 인도하는 초등교사가 되어 우리로 하여금 믿음으로 말미암아 의롭다 함을 얻게 하려 함이라"(갈 3:23-24).

그러나 율법이 이런 목적을 이룬다 해도 그것은 기껏해야 본 언약이 아브라함과 맺어지기까지(눅 1:72-75) '끼어들어 온' 한시적 방책(갈 3:17-19)

이었다.

- "우리 조상을 긍휼히 여기시며 그 거룩한 언약을 기억하셨으니 곧 우리 조상 아브라함에게 하신 맹세라 우리가 원수의 손에서 건지심을 받고 종신토록 주의 앞에서 성결과 의로 두려움이 없이 섬기게 하리라 하셨도다"(눅 1:72-75).

- "내가 이것을 말하노니 하나님께서 미리 정하신 언약을 사백삼십 년 후에 생긴 율법이 폐기하지 못하고 그 약속을 헛되게 하지 못하리라 만일 그 유업이 율법에서 난 것이면 약속에서 난 것이 아니리라 그러나 하나님이 약속으로 말미암아 아브라함에게 주신 것이라 그런즉 율법은 무엇이냐 범법하므로 더하여진 것이라 천사들을 통하여 한 중보자의 손으로 베푸신 것인데 약속하신 자손이 오시기까지 있을 것이라"(갈 3:17-19).

율법은 사람을 구원하는 수단으로서는 전적으로 무능해 사람을 의롭게 하지 못했다.

- "또 모세의 율법으로 너희가 의롭다 하심을 얻지 못하던 모든 일에도 이 사람을 힘입어 믿는 자마다 의롭다 하심을 얻는 이것이라"(행 13:39).

- "그러므로 율법의 행위로 그의 앞에 의롭다 하심을 얻을 육체가 없나니 율법으로는 죄를 깨달음이니라"(롬 3:20).

- "또 하나님 앞에서 아무도 율법으로 말미암아 의롭게 되지 못할 것이 분명하니 이는 의인은 믿음으로 살리라 하였음이라"(갈 3:11).

율법은 또한 사람의 본성을 바꾸지도 못했다.

- "(율법은 아무것도 온전하게 못할지라) 이에 더 좋은 소망이 생기니 이것으로 우리가 하나님께 가까이 가느니라"(히 7:19).

- "이 장막은 현재까지의 비유니 이에 따라 드리는 예물과 제사는 섬기는 자를 그 양심상 온전하게 할 수 없나니"(히 9:9).

- "율법은 장차 올 좋은 일의 그림자일 뿐이요 참 형상이 아니므로 해마다 늘 드리는 같은 제사로는 나아오는 자들을 언제나 온전하게 할 수 없느니라 그렇지 아니하면 섬기는 자들이 단번에 정결하게 되어 다시 죄를 깨닫는 일이 없으리니 어찌 제사 드리는 일을 그치지 아니하였으리요"(히 10:1-2).

우리는 이러한 성경구절을 통해서도 다시 한번 구원의 두 가지 국면, 곧 칭의와 양자 됨을 통해 이루어지는 구원받은 신분과, 중생과 완전 성화로 이루어지는 구원받은 상태를 발견하게 된다.

그뿐 아니라, 우리는 율법이나 옛 언약이 전적으로 폐기되고 새 언약으로 대체되었음을 말씀하는 성경구절들은, 폐기된 율법이 단지 이차적인 옛 언약 곧 "의식에 관한 규례를 명령하는 율법"뿐이라고 말씀한다는 사실에 주의할 필요가 있다(갈 3장; 히 7-10장).

- "법조문으로 된 계명의 율법을 폐하셨으니 이는 이 둘로 자기 안에서 한 새 사람을 지어 화평하게 하시고"(엡 2:15).

- "또 범죄와 육체의 무할례로 죽었던 너희를 하나님이 그와 함께 살리시고 우리의 모든 죄를 사하시고 우리를 거스르고 불리하게 하는 법조문으로 쓴 증서를 지우시고 제하여 버리사 십자가에 못 박으시고 통치자들과 권세들을 무력화하여 드러내어 구경거리로 삼으시고 십자가로 그들을 이기셨느니라 그러므로 먹고 마시는 것과 절기나 초하루나 안식일을 이유로 누구든지 너희를 비판하지 못하게 하라 이것들은 장래 일의 그림자이나 몸은 그리스도의 것이니라"(골 2:13-17).

하나님의 본 언약이 성취되는 것은, 오직 사람의 본성과 신분이 변화됨으로 일차적인 옛 언약이 굳게 세워짐을 통해서다. 특히 다음의 누가복음 1:74-75과 히브리서 8:10, 10:9-17이 정의하는 새 언약의 정수는 신분이 아닌 상태의 변화다.

- "우리가 원수의 손에서 건지심을 받고 종신토록 주의 앞에서 성결과 의로 두려움이 없이 섬기게 하리라 하셨도다"(눅 1:74-75).

- "또 주께서 이르시되 그날 후에 내가 이스라엘 집과 맺을 언약은 이것이니 내 법을 그들의 생각에 두고 그들의 마음에 이것을 기록하리라 나는 그들에게 하나님이 되고 그들은 내게 백성이 되리라"(히 8:10).

- "그 후에 말씀하시기를 보시옵소서 내가 하나님의 뜻을 행하러 왔나이다 하셨으니 그 첫째 것을 폐하심은 둘째 것을 세우려 하심이라 이 뜻을 따라 예수 그리스도의 몸을 단번에 드리심으

로 말미암아 우리가 거룩함을 얻었노라 제사장마다 매일 서서 섬기며 자주 같은 제사를 드리되 이 제사는 언제나 죄를 없게 하지 못하거니와 오직 그리스도는 죄를 위하여 한 영원한 제사를 드리시고 하나님 우편에 앉으사 그 후에 자기 원수들을 자기 발등상이 되게 하실 때까지 기다리시나니 그가 거룩하게 된 자들을 한 번의 제사로 영원히 온전하게 하셨느니라 또한 성령이 우리에게 증언하시되 주께서 이르시되 그날 후로는 그들과 맺을 언약이 이것이라 하시고 내 법을 그들의 마음에 두고 그들의 생각에 기록하리라 하신 후에 또 그들의 죄와 그들의 불법을 내가 다시 기억하지 아니하리라 하셨으니"(히 10:9-17).

죄 용서와 양자 됨은 이러한 상태의 변화에 필수적이고도 복되게 선행된다. 그것이 먼저 이루어지지 않고서는 하나님과의 화해가 불가능하기 때문이다. 그럼에도 그것은 새 언약을 구성하는 전부가 아닌 단지 일부일 뿐이다. 따라서 칼빈주의 친구들이 개인의 성화나 사랑 안에서의 온전함을 내세에서나 가능한 것으로 주장하는 한, 그들은 새 언약의 복을 현재적으로 누리는 것에 대해 말할 수 없다.

앞에서 사람들을 의의 기준에 순응시키는 수단으로 정의한 모세의 율법 또는 이차적인 옛 언약은 이제 과거의 것이 되었다. 우리는 하나님을 기쁘시게 하기 위한 방편이었던 지겨울 정도의 의무 조항들에서 벗어나게 되었다. 율법은 새롭고 더 나은 방편인 은혜로 대체되었다. 율법은 그 목적에 따라 역할을 다했지만, 의를 확립하려는 목적을 이루지 못했기에 폐해졌다. 우리가 그 율법으로 의로워지거나 완전해지고자 한다면, 그것은 사실상 그리스도의 탁월성과 충분성을 부인하는 것이다(갈 2:21, "내가 하나님의 은혜를 폐하지 아니하노니 만일 의롭게 되는 것이 율법으로 말미암으면 그리스도께서 헛되이 죽으셨느니라"; 갈 5:4, "율법 안에서 의롭다 함을 얻으려 하는 너희는 그리스도에게서 끊어지고 은혜에서 떨어진 자로다").

2. 다음으로 우리는 은혜 시대에 대한 하나님의 계획, 곧 값없이 주시는 은혜로 죄인을 구원하시고 순종하게 하시되, 외적 형식이나 의식이나 규칙이 아닌 예수 그리스도의 보혈의 능력을 믿는 단순한 믿음과 성령의 직접적 역사를 통해 값없이 죄를 용서하시고 성결의 은혜를 베푸심으로 인간 본성을 하나님의 온전하신 뜻과 본성에 순응하게 하심에 대해 생각해 보고자 한다. 은혜 시대는 우리의 중보자, 대제사장, 우리를 위한 희생제물, 우리의 저주를 대신 담당하신 분으로서의 그리스도, 우리의 위로자 되시며 우리를 죄의 책임, 능력, 지배와 죄 된 상태에서 자유롭게 하시는 성령, 우리의 사랑을 세상과 분리해 하나님과 사람에 대한 온전한 사랑으로 승화시키는 은혜 등 구원에 관한 모든 진리와 방법을 포함한다. 즉, 우리가 은혜 시대를 말할 때는 그 속에 이 모든 것이 이미 내포되어 있다. "율법은 모세로 말미암아 주어진 것이요 은혜와 진리는 예수 그리스도로 말미암아 온 것이라"(요 1:17).

이 은혜는 (1) 하나님께서 우리를 향해 아무런 값없이, 공로 없이 베푸시는 사랑, 곧 하나님께서 우리를 위해 독생자를 주심으로 우리 죄를 용서하고 우리를 회복시키며 위로하심을 의미할 뿐 아니라, (2) 각 신자에게 값없이 능력을 부어 주셔서 성결과 의에 대한 하나님의 기준을 충족하게 하심을 의미한다. 이 후자의 은혜는 성령께서 신자의 내면에 내주하심으로 행하시는 중생과 성화의 역사를 통해 나타난다.

첫 번째 의미의 은혜는 다음 성경구절들에서 잘 나타난다.

- "내가 아버지께 구하겠으니 그가 또 다른 보혜사를 너희에게 주사 영원토록 너희와 함께 있게 하리니"(요 14:16).
- "그리스도 예수 안에 있는 속량으로 말미암아 하나님의 은혜로 값없이 의롭다 하심을 얻은 자 되었느니라"(롬 3:24).
- "그러나 이 은사는 그 범죄와 같지 아니하니 곧 한 사람의 범죄를 인하여 많은 사람이 죽었은즉 더욱 하나님의 은혜와 또한 한 사람 예수 그리스도의 은혜로 말미암은 선물은 많은 사람에게 넘쳤느니라"(롬 5:15).
- "우리는 그리스도 안에서 그의 은혜의 풍성함을 따라 그의 피로 말미암아 속량 곧 죄 사함을 받았느니라"(엡 1:7).
- "우리 주 예수 그리스도와 우리를 사랑하시고 영원한 위로와 좋은 소망을 은혜로 주신 하나님 우리 아버지께서"(살후 2:16).
- "나를 능하게 하신 그리스도 예수 우리 주께 내가 감사함은 나를 충성되이 여겨 내게 직분을 맡기심이니 내가 전에는 비방자요 박해자요 폭행자였으나 도리어 긍휼을 입은 것은 내가 믿지 아니할 때에 알지 못하고 행하였음이라 우리 주의 은혜가 그리스도 예수 안에 있는 믿음과 사랑과 함께 넘치도록 풍성하였도다"(딤전 1:12-14).
- "우리로 그의 은혜를 힘입어 의롭다 하심을 얻어 영생의 소망을 따라 상속자가 되게 하려 하심이라"(딛 3:7).

- "오직 우리가 천사들보다 잠시 동안 못하게 하심을 입은 자 곧 죽음의 고난 받으심으로 말미암아 영광과 존귀로 관을 쓰신 예수를 보니 이를 행하심은 하나님의 은혜로 말미암아 모든 사람을 위하여 죽음을 맛보려 하심이라"(히 2:9).

두 번째 의미의 은혜 역시 참으로 하나님의 은혜의 일부라는 사실은 다음의 구절들에서 명백히 입증된다.

- "지금 내가 여러분을 주와 및 그 은혜의 말씀에 부탁하노니 그 말씀이 여러분을 능히 든든히 세우사 거룩하게 하심을 입은 모든 자 가운데 기업이 있게 하시리라"(행 20:32).

- "또한 그로 말미암아 우리가 믿음으로 서 있는 이 은혜에 들어감을 얻었으며 하나님의 영광을 바라고 즐거워하느니라 다만 이뿐 아니라 우리가 환난 중에도 즐거워하나니 이는 환난은 인내를, 인내는 연단을, 연단은 소망을 이루는 줄 앎이로다 소망이 우리를 부끄럽게 하지 아니함은 우리에게 주신 성령으로 말미암아 하나님의 사랑이 우리 마음에 부은 바 됨이니"(롬 5:2-5).

- "이는 죄가 사망 안에서 왕 노릇 한 것같이 은혜도 또한 의로 말미암아 왕 노릇 하여 우리 주 예수 그리스도로 말미암아 영생에 이르게 하려 함이라"(롬 5:21).

- "하나님이 능히 모든 은혜를 너희에게 넘치게 하시나니 이는 너희로 모든 일에 항상 모든 것이 넉넉하여 모든 착한 일을 넘치게 하게 하려 하심이라"(고후 9:8).

- "그는 허물과 죄로 죽었던 너희를 살리셨도다 그때에 너희는 그 가운데서 행하여 이 세상 풍조를 따르고 공중의 권세 잡은 자를 따랐으니 곧 지금 불순종의 아들들 가운데서 역사하는 영이라 전에는 우리도 다 그 가운데서 우리 육체의 욕심을 따라 지내며 육체와 마음의 원하는 것을 하여 다른 이들과 같이 본질상 진노의 자녀이었더니 긍휼이 풍성하신 하나님이 우리를 사랑하신 그 큰 사랑을 인하여 허물로 죽은 우리를 그리스도와 함께 살리셨고 (너희는 은혜로 구원을 받은 것이라)"(엡 2:1-5).

- "그의 영광의 풍성함을 따라 그의 성령으로 말미암아 너희 속사람을 능력으로 강건하게 하시오며 믿음으로 말미암아 그리스도께서 너희 마음에 계시게 하시옵고 너희가 사랑 가운데서 뿌리가 박히고 터가 굳어져서 능히 모든 성도와 함께 지식에 넘치는 그리스도의 사랑을 알고 그 너비와 길이와 높이와 깊이가 어떠함을 깨달아 하나님의 모든 충만하신 것으로 너희에게 충만하게 하시기를 구하노라 우리 가운데서 역사하시는 능력대로 우리가 구하거나 생각하는 모든 것에 더 넘치도록 능히 하실 이에게"(엡 3:16-20).

- "평강의 하나님이 친히 너희를 온전히 거룩하게 하시고 또 너희의 온 영과 혼과 몸이 우리 주 예수 그리스도께서 강림하실 때에 흠 없게 보전되기를 원하노라"(살전 5:23).

- "우리 안에 거하시는 성령으로 말미암아 네게 부탁한 아름다운 것을 지키라"(딤후 1:14).

- "모든 사람에게 구원을 주시는 하나님의 은혜가 나타나 우리를 양육하시되 경건하지 않은 것과 이 세상 정욕을 다 버리고 신중함과 의로움과 경건함으로 이 세상에 살고 복스러운 소망과 우리의 크신 하나님 구주 예수 그리스도의 영광이 나타나심을 기다리게 하셨으니 그가 우리를 대신하여 자신을 주심은 모든 불법에서 우리를 속량하시고 우리를 깨끗하게 하사 선한 일을 열심히 하는 자기 백성이 되게 하려 하심이라"(딛 2:11-14).

- "그러므로 우리는 긍휼하심을 받고 때를 따라 돕는 은혜를 얻기 위하여 은혜의 보좌 앞에 담대히 나아갈 것이니라"(히 4:16).

- "너희는 하나님이 우리 속에 거하게 하신 성령이 시기하기까지 사모한다 하신 말씀을 헛된 줄로 생각하느냐 그러나 더욱 큰 은혜를 주시나니 그러므로 일렀으되 하나님이 교만한 자를 물리치시고 겸손한 자에게 은혜를 주신다 하였느니라"(약 4:5-6).

- "모든 은혜의 하나님 곧 그리스도 안에서 너희를 부르사 자기의 영원한 영광에 들어가게 하신 이가 잠깐 고난을 당한 너희를 친히 온전하게 하시며 굳건하게 하시며 강하게 하시며 터를 견고하게 하시리라"(벧전 5:10).

은혜는 결코 고의로 죄 짓기를 고집하는 신자에게 값없이 베푸시는 하나님의 호의나 인간의 책임성과 관계없이 하나님이 홀로 주권적으로 구원을 실행하시는 것을 의미하지 않는다.

"너희는 그 은혜에 의하여 믿음으로 말미암아 구원을 받았으니 이것은 너희에게서 난 것이 아니요 하나님의 선물이라 행위에서 난 것이 아니니 이는 누구든지 자랑하지 못하게 함이라" (엡 2:8-9).

"행위에서 난 것이 아니니 이는 누구든지 자랑하지 못하게 함이라." 이 말씀은 사람의 어떤 선행이나 도덕적인 삶도 자신을 구원하지 못함을 의미한다. 참된 아르미니우스주의자들만큼 이를 강조하는 사람은 없다. 그러나 우리는 이러한 의미의 행위와 성경이 강조하는 순종을 같은 것으로 혼동하지 말아야 한다. 많은 사람이 이 구절에서의 "행위"가 옳은 일을 하는 것을 의미한다고 생각한다. 우리가 죄 없이 살아야 할 필요를 말할 때 그들은 즉시 (그리고 경솔하게) 이 구절을 인용하기 때문이다. 세상은 자신의 행위를 의존하는 것으로 보이지 않기 위해, 성결이나 성화 같은 것을 고백하는 데 두려움을 지닌 사람들로 가득하다. 그러나 이런 진실하지만 잘못된 생각을 가진 사람들이 그러한 신학적 편견에서 벗어나 이 구절처럼 다른 모든 성경구절도 성실하게 읽는다면, 그들은 자신이 성결하지 못한 것에 더 큰 두려움을 느끼게 될 것이다. 그리고 선한 행위를 축적함으로 구원을 살 수 없다는 사실뿐 아니라, 절대적이고 지속적인 순종 없이는 구원을 유지할 수 없다는 사실 역시 깨달을 것이다. 존 토머스(John Thomas)는 "참된 교리는 신분과 상태의 교리가 아닌 신앙과 순종의 교리"라고 말한다. 하나님의 말씀 역시 다음 구절들에서 동일하게 말씀한다.

- "하나님 아는 것을 대적하여 높아진 것을 다 무너뜨리고 모든 생각을 사로잡아 그리스도에게 복종하게 하니"(고후 10:5).

- "우리는 그가 만드신 바라 그리스도 예수 안에서 선한 일을 위하여 지으심을 받은 자니 이 일은 하나님이 전에 예비하사 우리로 그 가운데서 행하게 하려 하심이니라"(엡 2:10).

- "너희는 말씀을 행하는 자가 되고 듣기만 하여 자신을 속이는 자가 되지 말라 누구든지 말씀을 듣고 행하지 아니하면 그는 거울로 자기의 생긴 얼굴을 보는 사람과 같아서 제 자신을 보고 가서 그 모습이 어떠했는지를 곧 잊어버리거니와 자유롭게 하는 온전한 율법을 들여다보고 있는 자는 듣고 잊어버리는 자가 아니요 실천하는 자니 이 사람은 그 행하는 일에 복을 받으리라"(약 1:22-25).

- "우리 조상 아브라함이 그 아들 이삭을 제단에 바칠 때에 행함으로 의롭다 하심을 받은 것이 아니냐 네가 보거니와 믿음이 그의 행함과 함께 일하고 행함으로 믿음이 온전하게 되었느니라 이에 성경에 이른 바 아브라함이 하나님을 믿으니 이것을 의로 여기셨다는 말씀이 이루어졌고 그는 하나님의 벗이라 칭함을 받았나니"(약 2:21-23).

- "곧 하나님 아버지의 미리 아심을 따라 성령이 거룩하게 하심으로 순종함과 예수 그리스도의 피 뿌림을 얻기 위하여 택하심을 받은 자들에게 편지하노니 은혜와 평강이 너희에게 더욱 많을지어다"(벧전 1:2).

- "그러므로 너희 마음의 허리를 동이고 근신하여 예수 그리스도께서 나타나실 때에 너희에게 가져다주실 은혜를 온전히 바랄지어다 너희가 순종하는 자식처럼 전에 알지 못할 때에 따르던 너희 사욕을 본받지 말고 오직 너희를 부르신 거룩한 이처럼 너희도 모든 행실에 거룩한 자가 되라 기록되었으되 내가 거룩하니 너희도 거룩할지어다 하셨느니라"(벧전 1:13-16).

"이것은 너희에게서 난 것이 아니요 하나님의 선물이라." 이 말씀대로 우리는 이 한없는 은혜로 제공된 복들 중 어떤 것도 우리 자신의 공로가 아닌 오직 하나님의 자비와 예수님의 귀한 보혈에 의한 것임을 기쁘게 인정한다. "우리 각 사람에게 그리스도의 선물의 분량대로 은혜를 주셨나니"(엡 4:7), "말할 수 없는 그의 은사로 말미암아 하나님께 감사하노라"(고후 9:15).

"이 교훈의 목적은 청결한 마음과 선한 양심과 거짓이 없는 믿음에서 나오는 사랑이거늘"(딤전 1:5).

10장 속죄와 타고난 죄

"성결은 하나님께서 사람이 어떠해야 하는지 계획하신 대로
살아가게 하고 또 그런 존재가 되게 하는
본래적이고 정상적인 삶의 유일한 비결이다."

- 앤더슨(T. M. Anderson)

그리스도의 속죄가 타고난 죄 또는 죄 된 본성에서의 완전한 현재적 씻음을 제공한다는 사실을 가리키는 성경구절들을 주의 깊게 숙고하는 일은 매우 중요하다. 만약 마음을 정결케 하는 것이 모든 그리스도인을 위한 하나님의 계획이라면, 자범죄에서 자유하게 되는 일은 반드시 요구되기 때문이다. 나아가 이같이 중요하고 지대한 영향력을 지닌 속죄의 은혜는, 특히 하나님의 유일한 구원의 방법이 지금 이곳에서 모든 죄에서 사람들을 구원하심에 의한 것임을 의미한다. 이는 확실히 하나님께서 그리스도의 공로로 인해 사람들을 죄 짓는 상태에 내버려 두신 채로 구원하기 원하신다는 주장을 믿을 수 없게 한다. 그리고 만약 아담의 타락한 본성에서의 현재적 구원이 속죄의 은혜에 포함되어 있음을 보여 줄 수 있다면, 그런 구원은 특권만이 아니라 반드시 이루어져야 하는 일이며, 그것이 단지 하나님께서 사용하실 가능성만 있는 것이 아니라, 유일하게 사용하시는 구원의 방식이라는 뜻이

된다. 속죄에는 구원에 꼭 필요한 것 외에는 어떤 것도 포함되어 있지 않다. 하나님께서 그의 아들을 보내 고난받고 피 흘려 죽게 하신 것은 반드시 필요하지는 않은 무엇을 행하시기 위해서가 아니다.

타고난 죄는 행위가 아닌 상태 또는 조건이라고 말하는 것이 적절하다. 그것이 존재하기 위해 의지적 행위가 필요하지는 않기 때문이다. 그것은 내적 성향 곧 악으로 향하는 내적 기질로, 우리의 의지가 그것과 반대로 행동할 때라야 그 존재가 느껴진다. 그것은 끊임없이 의지의 동의를 요구하고, 의지가 동의하면 죄책을 동반하는 죄 된 행위를 저지른다. 그것이 곧 자범죄다. 그리스도인의 의지는 분명히 이러한 죄의 몸에 반대한다. 그럼에도 그것은 동일하게 남아 있어 그 움직임이 느껴지기에 우리가 거듭되는 슬픔의 근원인 그것과 씨름하는 것이다. 그것의 성격이 죄 된 것은, 하나님의 본성과 반대되기 때문이다. 그래서 하나의 성향이나 상태로서의 타고난 죄와, 행동의 죄로서의 자범죄를 인식하는 것 사이에는 논리적 구분이 있다.

이 죄 된 본성은 설명하기가 쉽지 않다. 그러나 독자들이 내가 의도한 것보다 많은 것을 그 안에 포함시키는 일을 피하기 위해 그것을 설명하고자 한다. 기억하다시피 영적 죽음의 세 가지 요소 중 하나는 타락이다. 아담이 죄를 지어 하나님에게서 분리된 결과는 도덕적 본성의 타락이었다. 아담의 본성은 건강과 완전함을 상실해 병을 앓고 뒤틀렸으며 바른 길에서 벗어났다. 이러한 영적 타락과 계속적인 범죄로 불가피하게 인간의 지성과 몸의 기능 역시 크게 손상을 입어, 아담은 셀 수 없이 많은 판단의 실수, 지식의 결핍, 기억력의 약화, 잘못된 추론과 인식, 육체적 결함, 비정상적이고 특이

한 기질, 질병, 고통, 쇠퇴를 경험하게 되었다. 그러나 이러한 연약성 중 어떤 것도 그 자체 내에 도덕적 특징을 지니지는 않으므로, 그런 것들을 아담의 타락한 도덕적 본성이나 타고난 죄의 일부로 여겨서는 안 된다. 예를 들어, 기억력이 약해지는 것에는 아무런 도덕적 의미도 내포되어 있지 않고, 완전한 사랑에 반대되거나 전혀 죄 된 것이 없다. 그러나 미움을 낳고, 살인으로 치닫게 하며, 모든 종류의 추함과 불행을 촉발하는 억제할 수 없는 기질은 분명 도덕적인 문제에 해당한다. 이는 순결한 사람이라면 어떤 어조로 말을 하고, 어떤 표정을 지으며, 상황이 허락할 때 어느 정도의 분별력과 안목으로 행할 것이라고 말하는 것이 아니라, 그의 잘못이 영혼과 동기에서 그리스도를 닮지 못해서가 아닌, 이해나 정서적 균형의 불완전함에서 비롯되었음을 말하는 것이다. 어떤 잘못이 영과 동기에서 비롯된 것이라면 그것은 죄 된 것이지만, 이해나 정서적 균형의 불완전함에서 기인한 것이라면 그것은 인간의 연약성에 해당한다. 오직 예수님만이 모든 상황에서 완전한 균형을 지니셨다. "잊어버렸다" 또는 "실수를 용서해 달라"고 말하지 않아도 되는 분은 오직 예수님뿐이시다. 죄의 실체는 제 기능을 다하지 못하는 몸과 정신의 취약성이 아닌, 잘못된 애착과 욕망으로 병든 영혼에서 발견된다.

판단에서의 비고의적 실수는, 비록 타인은 부당하다고 생각할 수 있지만, 그것이 반드시 죄이거나 사랑에 반대되는 무엇이라고 할 수는 없다. 그러나 친구 사이에 담을 쌓는 시기나 질투의 감정, 악의까지 동일하게 무죄로 볼 수 없다는 사실은 분명하다. 나아가 실수 그 자체는, 유감스러운 일에 대해 대수롭지 않게 "나에겐 조금도 악의가 없었다"고 말하는 부주의한 태도를 보이는 것과 같이, 그 영혼에 어떤 잘못이 있음을 가리키지는 않는다. 비록 자제를 하더라도 날카롭고 격한 말을 일으키는 험악하고 분노가 가득한 영이나, 갑자기 분노해 별안간 얼굴을 붉히게 만드는 영은, 진리를 주장하거나 확신하는 내용을 옹호하는 것, 신경이 곤두서거나 어지러워져 과민한 상태, 말이 지나치게 빠른 것같이 강렬하고 흥분하기 쉬운 성향과는 분명히 구분된다. 물론 신경이상은 도덕적 본성과 매우 밀접한 관계가 있기에, 조심하지 않으면 우리로 죄 짓게 하는 원인이 될 수 있는 것이 사실이다. 그럼에도 신경이상과 죄성은 차이가 있다. 즉각적으로 행동하려는 충동이, 예를 들면 앙갚음하려는 충동과 같은 잘못으로 분류될 수는 없다. 전자는 인간의 연약성에 해당한다면, 후자는 죄 된 것이기 때문이다. 따라서 심지어 죄에서 정결하게 된 신자라도 여전히 훈련 받아 마땅한 유감스러운 기질적 충동과, 자연스럽지만 억제해야 하는 육체적 충동을 느낄 수 있는데, 그럼에도 이 중 어떤 것도 본질적으로 죄 된 것은 아니다.

    죄 된 것과 그렇지 않은 것의 차이를 설명하는 이유는, 우리가 원죄를 말할 때 그것이 정확히 무엇을 의미하는지 알 수 있게 하기 위해서다. 매일의 실제적인 삶에서는 죄성과 연약성을 구분하는 것이 쉽지 않은데, 이는 그 구분선이 때로 겉으로 보기에 너무나 미세하기 때문이다. 우리가 이 보배를 질그릇에 가졌기 때문에 우리 마음의 완전한 사랑은 불완전하게 표현될 수 있고, 그런 이유로 비판적이고 이해심 없는 사람들은 많은 결점을 헐뜯을 수 있다. 그들은 "성결하다는 사람들의 문제는 너무 쉽게 화를 낸다는 것이다"라며 마치 다 알고 있다는 듯 말한 어떤 사람이 그랬던 것처럼 우리를 공격할 것이다. 그런 놀랄 만한 주장을 하는 이유를 자세히 살펴보았더니, 그 '화내는' 사람은 내가 잘 아는 경건한 목사였는데, 그는 단지 예배에서 있었던 어떤 노골적인 무질서에 대해 문제를 제기했다는 것이다! 칼빈주의자, 아르미니우스주의자 할 것 없이 유한한 삶을 사는 우리로서는 사람의 참된 영적 자질을 바르게 알아보기 힘들다는 사실을 알아야 한다. 정확히 평가하실 수 있는 분은 오직 하나님뿐이시다. 그렇다면 중요한 것은 우리의 영이 하나님 보시기에 흠 없고 순결하게 되는 것이다. 하나님께 감사하게도 만약 우리가 그런 영을 가졌다면 우리는 그것을 알 수 있다.

어떤 사람은 자연적 욕구를 죄성과 혼동한다. 그러나 육체의 욕구는 하나님께서 창조하신 것이며, 그 자체로 거룩하다. 그러나 사람의 영이 왜곡되고 뒤틀린 이상 육체의 정욕 역시 정도의 차이는 있어도 그에 상응해 왜곡되기 마련이다. 육체의 정욕은 사람의 다스림을 받기보다, 사람을 다스리게 되었다. G. 아놀드 호긴(G. Arnold Hodgin)은 "타락은 자연적 욕구들이 난폭해진 것이다"라고 말한 적이 있다. 죄 된 본성에서의 구원은 이러한 욕구에서 난폭성을 제거해 성화된 영혼의 통제 아래에서 삶의 바른 자리로 회복시키는 것이다. 그러면 욕구의 강도가 줄어들지는 않으나, 그 고압적 지배는 깨진다. 욕구가 지휘권을 갖는 것이 더는 허용되지 않는다. 자존감, 자기 보호 본능 같은 자연적 기질은 그 적절한 위치에 머물 때는 합법적이다. 그러나 그것들은 영혼의 기능에 속해 있기에 심한 교란 상태를 피해갈 수 없게 되었다. 그로 인해 그것들은 본래의 목적대로 사람을 복되게 하지 못하고, 많은 내적 혼란과 불행을 초래하는 원인이 되었다. 자기 보호는 탐욕과 자기 고집이 되었고, 자존감은 불결함과 비열함으로 기울기를 거절하는 자기 존중이 아닌 무절제한 이기심과 자기 확대가 되어 인류를 타락시키는 다른 모든 악의 뿌리가 되었다.

그러므로 죄 된 본성이란 간단히 말해 부풀려진 자아다. 즉, 인간 본성의 자연적 본능이 부적절하게 확대되고 왜곡된 것이다. 거기에는 자기 자신의 중요성에 대한 확대된 느낌, 자아가 영광을 누리려는 욕망, 손해에 대한 지나친 민감함, 다른 사람의 잘못을 과장하는 경향, 자신을 깊이 절망하게 만들거나 다른 사람에게 맹렬히 저항하게 하거나 반대를 받을 때 우울해하고 고집을 피우게 만드는, 자기 뜻과 생각에 대한 과도하고 집요한 애착이 포함된다. 인간 본성의 이러한 죄 된 상태는 사람에 대한 고통스러운 두려움, 탐욕스러움, 끔찍한 분노, 침울함과 변덕스러움, 세속적 야망, 물질주의적 사고, 냉정함, 복수심, 보복하려는 충동, 불안정, 반항심, 억울한 마음을 일으킨다. 이 모두와 다 나열할 수 없을 정도로 많은 다른 것이, 이 죄의 몸의 징후 목록에 해당된다. 그 모든 것은 상처받은 자존감과 손상된 이기심의 표현으로, 모두 악하다. 이는 교회 내에서도 갈등과 질투와 분열을 일으켜, 하나님의 사역에 해를 끼치고 이를 지연시킨다(고전 3:3, "너희는 아직도 육신에 속한 자로다 너희 가운데 시기와 분쟁이 있으니 어찌 육신에 속하여 사람을 따라 행함이 아니리요"). 그 모두는 부도덕하고 육적이며 사랑에 반대된 것이다. 그리고 그 모두는 정죄받고 있다.

그러나 죄성이 어떤 방법으로 우리의 외적 특성에서 스스로를 나타내든, 죄성의 중심이자 본질은 자기애, 자기 본위, 자기 고집에 빠져 있는 성화되지 못한 자아라는 사실은 아무리 강조해도 지나치지 않다. 비록 여러 욕구에 과도하게 지배당하는 것이 죄성을 드러내는 요소이긴 하지만, 자연적 욕구가 죄성 그 자체는 아니다. 또 죄성은 일부 극히 물질주의적으로 해석하는 사람들이 주장하는 것처럼 육체의 피 속에 존재하는 생물학적 오염도 아니다. 오히려 죄성은 정확히 오스왈드 챔버스(Oswald Chambers)가 "자신에 대한 소유권이 자기 자신에게 있음을 주장하려는 성향"이라고 말한 것과 같다. 이 성향에 굴복하면 그것은 자기 자신에 대한 하나님의 소유권과 언제든 충돌할 것이다. 이것이 반역의 씨앗이며 죄성이다.

기질과 인격에서 나타났던 죄성의 많은 외적 부산물은 죄성이 제거될 때 함께 사라질 것이다. 이스라엘 백성이 가나안 족속을 억제했던 것처럼, 어떤 것은 더 오래 남아 있어서 점진적으로 억제해 나가야 하는 것도 있다. 그러나 어떤 경우든 이 죄성의 정수, 반역의 가장 중요한 핵심, 이기심의 요새는 즉시 완전히 제거되어야 한다. 죄성은 여러 형질의 융합이 아닌 단일한 실체다. 죄성의 제거는 오랜 시간이 걸리거나, 단계적으로 이루어지거나, 부분적 근절로 되지 않는다. 사람이 하나님께 전적으로 굴복하지 않고 자신에 대해 전적으로 죽지 않았다면, 그 속에는 여전히 반역적 요소가 남아 있을 수 있는데도, 그는 그것을 의식하지 못할 수 있다. 그것은 의식할 수 있을 만큼 활동적이지 않을 수도 있다. 그러나 조만간 기회가 되면 그것은 반역적 성향을 적극적으로 드러낼 것이다. 그러면 신자는 자신이 여전히 육적이라는 사실을 깨닫게 된다. 그는 죄인들처럼 방종한다는 의미에서 전적으로 육적이지는 않으나, 동시에 전적으로 성화되어 있지도 않다.

이제 이 모든 중요한 함의를 통해 제기되는 질문은, 그리스도의 속죄가 이 세상에서 이러한 죄의 몸을 완전히 제거할 수 있는가 하는 것이다. 만약 그렇다면 이 얼마나 복된 일인가! 이러한 경험이 천국을 소망하는 모든 그리스도인에게 큰 축복이라는 점은 단번에 알 수 있다. 그리스도인의 삶에서 가장 위험한 원수가 이 내적 본성이기 때문이다. 그것은 내부의 적으로서 외부의 적과 비밀리에 협력한다. 만약 실제적인 죄가 매우 치명적이어서 그것과 싸워 이기는 것이 반드시 필요하다면, 죄를 미워하고 열심으로 주님을 기쁘시게 하기를 바라는 신실한 그리스도인에게 가장 절실하게 필요한 것은 이 내부의 적을 제거하는 것이다.

내면에 죄성이 남아 있으면 지속적인 승리를 어렵게 하고, 시야를 흐리게 하고, 성장을 지연시키며, 유용성을 해치고, 평화와 기쁨을 손상시킨다. 영적 에너지의 많은 부분을 이 내면의 적과 싸우는 데 사용되게 함으로 그리스도인이 다른 사람을 영적으로 섬기는 일을 하지 못하게 한다. 그로 인해 의지, 욕구, 애착이 동요됨으로 때로는 진정되었다 때로는 흔들리고, 때로는 마음이 나뉘는 것이 매우 미묘해 거의 알아차리기 힘들 정도가 된다(약 1:8, "두 마음을 품어 모든 일에 정함이 없는 자로다"). 어떤 사람은 자신의 마음이 세속적인 것의 매력에 뚜렷이 반응하는 것을 느끼는데, 오직 하나님만이 그런 성향이 지닌 끊임없는 위험성을 아신다. 내부의 적대적 세력은 확실한 형태가 없고 모호하며 숨바꼭질하는 것 같은 무엇이다. 그것은 하나님의 뜻, 그리스도의 영, 자기 부인의 거룩한 삶에 적대적이다. 때로 그리스도인은 왜 그런지 설명할 수는 없지만, 자신 속에서 심지어 '성결'이나 '성화'라는 말만 들어도 극심한 반감을 느끼기도 한다.

그러나 두 마음을 품은 자들이 마음을 성결하게 하면(약 4:8) 이 모든 것이 바뀐다. 곧 의지, 욕구, 애착이 안정된다. 원죄에서 자유롭게 되는 것은, 내적으로 사탄에게 협력했던 모든 것에서 자유롭게 되는 것이다. 전 존재가 하나님의 뜻을 행하고자 하는 하나의 사랑, 하나의 소원으로 통합된다. H. 오튼 와일리 박사가 "그것은 모든 상황에서 하나님의 뜻을 행하고자 하는 성향을 갖게 한다"라고 말한 것과 같다. 이 위대한 진리에는 풍부하고도 넓은 의미가 들어 있다. 이 성향은 반은 이기고 반은 지는 삶이 아닌 전적으로 승리하는 삶을 의미하기 때문이다. 단지 의지만 잘못된 행위에 대해 "안 돼"라고 말하는 것이 아니라, 자아 전체가 그것에 전적으로 동의한다. 영이 죄의 본질에서 정결하게 되었기 때문에, 죄에 대한 적의와 민감함은 크게 강화되며, 이 적의는 강력한 보호장치가 된다. 나아가 비록 양심이 아직은 온전하게 훈련 받지 못했지만, 사탄의 유혹을 간파하기 위해 더 준비되고, 무엇이 죄고 무엇이 죄가 아닌지를 더 빨리 분별한다. 영의 충동은 악한 것에서는 움츠러들고, 그 방향을 하나님께서 바라시는 곳으로만 향하게 된다. 영은 점점 더 온유하고 겸손하고 순종적이며 친절하고 순결하게 된다. 또 야망, 욕구, 기능, 동기, 애착 등 모든 것이 하나님께 중심을 둔다. 심지어 육체의 충동과 욕구조차 더 쉽고 자연스럽게 통제할 수 있게 된다(살전 4:3-4, "하나님의 뜻은 이것이니 너희의 거룩함이라 곧 음란을 버리고 각각 거룩함과 존귀함으로 자기의 아내 대할 줄을 알고").

여기서 잠시 멈추어, 완전한 사랑 또는 마음의 정결함을 얻는 것이 이 세상에 있는 하나님의 교회에 무엇을 의미하는지 생각해 보자.

첫째로 그것은 개인 삶에서의 능력을 의미한다. 이 내적인 해방으로 말미암는 자유, 기쁨, 안정, 평화는 그 자체가 능력이다. 그런 삶을 살게 된 사람에게 물어보라! 사람들은 "어떻게 당신은 남들이 갖지 못한 행복하게 살 수 있는 능력을 갖게 되었습니까?"라고 물을 것이다. 다른 사람은 "나를 사로잡은 그 사람의 간증에는 활력과 따뜻함과 능력이 있는 것 같습니다. 비결이 무엇일까요?"라고 말할 것이다. 정말 그렇다. 정결하게 되는 것이 능력이다. 이는 이상하게 되는 능력이 아닌 정상적으로 되는 능력이며, 초자연적인 일을 행하는 능력이 아닌 일상적인 것을 초자연적인 방식으로 하게 되는 능력이다. 극적인 삶을 사는 능력이 아닌, 죄와 내적 패배라는 부자연스러움으로 망가지지 않고 은혜에 의해 자연스럽게 거룩한 삶을 사는 능력이다. 이는 인내와 사랑과 믿음을 가능케 하는 능력이며, 세상의 이목을 끄는 능력이 아닌 가장 변변치 않고 가장 그럴 것으로 보이지 않는 사람들이 들판, 가게, 세탁실, 또는 부엌에서 하나님을 영화롭게 하는 능력이다. 유혹조차 받지 않는 능력이 아닌, 유혹 받을 때 이기는 능력이다. 언제나 자신의 계획을 성공적으로 이루어 내는 능력이 아닌, 그 계획이 깨어져 아무런 소망이 없게 되었을 때도 절망하거나 분노하지 않을 수 있는 능력이다. 재산을 모으는 능력이 아닌, 재산을 잃어도 기쁨과 만족과 신앙을 잃지 않는 능력이다. 이것이 우리가 필요로 하는 능력이며, 우리가 세상 모든 곳의 종교를 찾아 그 모든 종교 집단과 신조와 종교적 유행을 살펴보더라도, 예수 그리스도의 보혈과 성령 세례에 의해 각 개인의 마음이 순간적으로 깨끗하게 되는 경험 없이는 그 어디서도 발견할 수 없는 능력이다.

이 경험은 각 개인의 삶에서의 능력일 뿐 아니라, 신자들의 공동체 내에서의 화합을 의미한다. 완전한 사랑은 그리스도인들 간의 건강한 관계를 증진시키는 유일한 영적 분위기로, 그런 분위기에서는 서로 다른 기질을 가진 사람들 사이에서도 어떤 상황이든, 세상의 어느 곳이든 우애가 있는 좋은 교우관계가 발전할 수 있다. 완전한 사랑은 성령의 열매들이 자라게 하는 본능적 충동을 일으킨다. 또 기꺼이 자신을 희생해 협력하려는 마음, 기꺼이 다른 사람에게 자신을 맞추려는 마음을 갖게 한다. 우리가 자기 자신의 견해를 자연스럽고도 당연하게 중시하고, 거절과 모욕당하기를 싫어한다는 사실은 누구나 알고 있다. 또 우리는 본능적으로 자신의 의지를 주장한다. 그것은 우리가 좋아하는 것을 포기하거나 거절당함을 수용하는 것과, 의지를 굴복시키되 은혜롭게 그것을 행하는 것을 싫어하는데, 이것이 불화의 육적 원인이 된다. 그러나 완전한 사랑은 자기를 낮추고 남을 중요하게 여김으로 문제를 해결한다. 그것은 감정들을 더 건강하고 사려 깊게 다루게 하고, 다른 의견을 더 존중하게 하며, 잘못에 대해서는 더 깊이 있게 관용하게 하고, 자신의 욕망은 덜 이기적인 방법으로 존중하며, 다른 사람을 영예롭게 하는 데서 더 큰 즐거움을 발견한다. 완전한 사랑은 협력의 편의성과 필요가 있을 때는 다른 사람의 뜻을 기꺼이 존중한다. 이런 은혜로운 기적이 가능한 것은, 완전한 사랑이 다른 사람을 더 고려할 수 있게 하면서 동시에 자신의 기분, 견해, 잘못, 욕망에 대한 너그러움은 놀라울 정도로 감소시키는 두 가지 방법으로 일하기 때문이다. 이는 완전한 사랑이 인간 본성의 자연적 본능을 전적으로 파괴한다는 것이 아니라, 그것을 뛰어넘어 더 큰 것을 바라볼 수 있게 한다는 것이다. 그런 것들이 그리스도인의 정신을 방해한다면 우리는 기꺼이 그것을 부인할 수 있게 된다. 상황이 허용하지 않을 때조차도 우리는 그리스도를 따르는 것을 기뻐한다. 우리는 어떤 계획에 성공하기보다는 다른 사람과 협력하고 인내하고자 한다. 이처럼 완전한 사랑은 고통스러운 환경에서도 더 큰 차분함과 인내를 가능하게 한다. 종종 이 은혜는 너무나 뚜렷해 그것을 경험하지 못한 사람에게는 한없이 놀라울 따름이다. 성화된 사람이 예민하게 느끼는 기질적 차이와 성격 차이, 공동체와의 관계와 상황적 압박에도, 완전한 사랑은 평안의 매는 줄로 하나 되게 하신 것을 지켜나갈 방법을 찾아낸다. 많은 사람이 처음부터 지혜와 사려 깊음을 가지고 태어나지 않는 것은 분명하다. 그러나 완전한 사랑은 그런 것을 함양할 수 있는 성향과 바르게 사용할 동기를 부여한다. 이러한 은혜가 없다면 선교사나 설교자, 평신도들이 다른 사람들과 좋은 관계로 지내는 일은 교회의 심각하고도 극복하기 힘든 문제로 남아 있을 것이다.

우리가 '자신에 대해 죽는다', '자아가 죽는다'는 표현의 의미를 발견하는 것은 이런 문맥 내에서다. 완전 성화를 통해 자아는 죽지만, 이는 자아가 없어지는 것이 아닌, '옛 사람' 곧 자아의 과도한 이기심이 파괴되어 자아가 새롭게 부활의 삶을 살게 된다는 의미다. 다르게 비유하면 자아가 "마음의 할례"를 받는 것이다(신 10:16). 자아는 이제 기꺼이 자신을 부인한다. 하나님과 이웃과의 거룩한 관계를 위해 모든 자연적 욕구와 권리를 기꺼이 포기하기를 원하고, 또 그렇게 할 수 있게 된다. 자아는 하나님의 뜻으로 기뻐하고 만족해 그 이상의 어떤 것도 구하지 않고, 다른 어떤 것도 구하지 않는다. 전에는 하나님과 그분의 나라를 '먼저' 구했다면, 이제는 '오직' 하나님과 그분의 나라만을 구한다. 자아는 또 다른 자아 곧 "그 사랑을 우리 마음에 부어 주신"(롬 5:5) 하나님께 복종하고 점점 더 다스림을 받는다. 정확히 이것이 바울이 "이제는 내가 사는 것이 아니요 오직 내 안에 그리스도께서 사시는 것이라"(갈 2:20)라고 고백한 것의 의미다.

이제 우리는 완전한 사랑이 어떤 것인지 알게 되었다. 이것이 바로 그리스도인의 성결이며 완전이다. 이것이 더 풍성한 삶이고(요 10:10, "내가 온 것은 양으로 생명을 얻게 하고 더 풍성히 얻게 하려는 것이라"), "자유롭게 하는 온전한 율법"(약 1:25)이며, 신앙의 안식이다(히 4:9-11, "그런즉 안식할 때가 하나님의 백성에게 남아 있도다 이미 그의 안식에 들어간 자는 하나님이 자기의 일을 쉬심과 같이 그도 자기의 일을 쉬느니라 그러므로 우리가 저 안식에 들어가기를 힘쓸지니 이는 누구든지 저 순종하지 아니하는 본에 빠지지 않게 하려 함이라"). 이는 사람을 언제나 자유로이 사랑하고 순종하며 기뻐할 수 있게 만드는 영광스러운 자유다! 한 재능 있는 젊은 여성이 나에게 한 쪽지를 건네주었는데, 거기에는 자신이 원죄에서 씻음 받은 이후의 경험이 짧게 적혀 있었다. 가장 중요한 내용은 '영혼의 안식'이었는데, 그녀는 그것을 (1) 스스로 의롭게 살려고 노력했던 삶에서의 안식, (2) 죄 된 반역에서의 안식, (3) 그런 반역에 언제나 뒤따랐던 죄책과 정죄에서의 안식, (4) 끝까지 인내하지 못할 것에 대한 두려움에서의 안식, (5) 죽음과 심판에 대한 두려움에서의 안식(요일 4:17-18)으로 묘사했다.

만약 이 모든 것이 그리스도의 속죄의 은혜에 포함되어 있다면, 이는 가장 중요한 교리로, 모든 그리스도인이 진지하게 다루어야 할 가치가 있다. 모든 죄의 뿌리에서 깨끗하게 되어 그리스도의 형상에 순응하게 되는 것이 바로 구원의 정수가 아니겠는가? 그 아름다움과 필연성, 그 능력이 지닌 잠재력은 모든 강단에서 선포되어야 하고, 모든 신앙고백의 중심이 되어야 한다. 사탄이 오랜 세월 동안 이 위대한 진리를 헐뜯고, 교회에서 추방하기 위해 가능한 모든 방법으로 획책해 온 것은 이상한 일이 아니다! 현대 교회에서 이 은혜는, 정확히 오순절이 초대 교회의 사도들에게 의미한 것과 동일한 것을 의미한다. 곧 오늘날에도 절대적으로 필요한 생명과 빛과 능력이다. 브리지(P. F. Bresee)는 "하나님의 말씀에서 다른 모든 것보다 우선적으로 더 중요하게 두드러지는 한 가지 사실은, 그리스도께서 피 흘리신 목적이 죄를 끝내고 하나님의 뜻을 성취하며 모든 사람을 거룩하게 해주시기를 간구한 예수님 자신의 기도(요 17:15-26)를 이루기 위해서라는 점이다"라고 말한다.

"내가 비옵는 것은 그들을 세상에서 데려가시기를 위함이 아니요 다만 악에 빠지지 않게 보전하시기를 위함이니이다 내가 세상에 속하지 아니함같이 그들도 세상에 속하지 아니하였사옵나이다 그들을 진리로 거룩하게 하옵소서 아버지의 말씀은 진리니이다 아버지께서 나를 세상에 보내신 것같이 나도 그들을 세상에 보내었고 또 그들을 위하여 내가 나를 거룩하게 하오니 이는 그들도 진리로 거룩함을 얻게 하려 함이니이다 내가 비옵는 것은 이 사람들만 위함이 아니요 또 그들의 말로 말미암아 나를 믿는 사람들도 위함이니 아버지여, 아버지께서 내 안에, 내가 아버지 안에 있는 것같이 그들도 다 하나가 되어 우리 안에 있게 하사 세상으로 아버지께서 나를 보내신 것을 믿게 하옵소서 내게 주신 영광을 내가 그들에게 주었사오니 이는 우리가 하나가 된 것같이 그들도 하나가 되게 하려 함이니이다 곧 내가 그들 안에 있고 아버지께서 내 안에 계시어 그들로 온전함을 이루어 하나가 되게 하려 함은 아버지께서 나를 보내신 것과 또 나를 사랑하심같이 그들도 사랑하신 것을 세상으로 알게 하려 함이로소이다 아버지여 내게 주신 자도 나 있는 곳에 나와 함께 있어 아버지께서 창세 전부터 나를 사랑하시므로 내게 주신 나의 영광을 그들로 보게 하시기를 원하옵나이다 의로우신 아버지여 세상이 아버지를 알지 못하여도 나는 아버지를 알았사옵고 그들도 아버지께서 나를 보내신 줄 알았사옵나이다 내가 아버지의 이름을 그들에게 알게 하였고 또 알게 하리니 이는 나를 사랑하신 사랑이 그들 안에 있고 나도 그들 안에 있게 하려 함이니이다"(요 17:15-26).

위대하고 훌륭한 사람들이 이 완전한 구원을 내세에나 가능한 것으로 미루면서, 자신들이 사랑하는 그리스도의 목적을 방해하고 자신들이 미워하는 사탄의 목적에 동조하는 열심을 나타내는 것은, 정말 해결되지 않는 경이로운 일이다. 만약 하나님의 성도들이 그 은혜를 필요로 한다면, 그것이 필요한 시점은 바로 그들이 죄와 싸우고 있는 지금이며, 또 온 세상을 복음화하기 위해 모든 가능한 자원을 동원해야 하는 바로 지금이다. 이 은혜를 주시는 것은 모든 시대를 향한 하나님의 계획이다(행 2:38-39). 그러나 하나님이 우리가 그것을 가장 필요로 하고, 또 그것이 자신을 가장 영화롭게 하는 길임에도, 우리에게 그 은혜를 주실 수 없거나 주기를 원하지 않으신다는 것인가? "나의 하나님이 그리스도 예수 안에서 영광 가운데 그 풍성한 대로 너희 모든 쓸 것을 채우시리라"(빌 4:19)라는 약속은 오직 물질적 필요에만 적용되는가? 그 약속이 모든 필요 중 가장 중요한 이 일에는 해당되지 않는가?

우리는 하나님의 말씀을 통해 모든 신자가 이 세상에 사는 동안 이 은혜를 경험하는 것이 하나님께서 바라시는 유일한 계획이며, 하나님께서는 이 목적을 위해 자신의 아들을 주셨고, 또 성령을 세상에 보내셨다는 사실을 입증하고자 한다.

1. 성경은 정결한 마음을 경험하는 것이 이 세상에서 가능하다고 말씀한다. 정결하기 위해서는 부정한 것을 제거해야 하므로, 정결한 마음을 얻기 위해서는 더러운 육적인 본성에서 자유롭게 되어야 한다. 말라기는 약속된 메시아를 "은을 연단하여 깨끗하게 하는 자"로 묘사하면서, 그분께서 "레위 자손을 깨끗하게 하되 금, 은같이 그들을 연단하리니 그들이 공의로운 제물을 나 여호와께 바칠 것이라"(말 3:3)라고 신실하게 약속한다. 이 약속이 분명 메시아의 천상이 아닌 지상에서의 사역에 관한 약속이라는 점에는 의심의 여지가 없다. 그리고 메시아께서 실제로 오셔서 처음으로 하신 말씀 중에 "마음이 청결한 자는 복이 있나니 그들이 하나님을 볼 것임이요"(마 5:8)라는 말씀이 있다. 그분은 마음의 청결함이 내세에서 주어질 것이라고 생각하는 사람들의 주장처럼 "하나님을 보는 자들은 복이 있나니 그들의 마음이 청결해질 것임이요"라고 말씀하시지 않았다. 이 구절은 누가 하나님을 볼 것인지를 말씀한다. 따라서 올바른 순서는 마음의 청결함이 먼저고, 하나님을 보는 것은 그로 인한 결과다. 이후 동일한 구원자께서, 아버지께서는 열매 맺는 모든 가지를 깨끗하게 하신다고 선언하셨다(요 15:2,

"무릇 내게 붙어 있어 열매를 맺지 아니하는 가지는 아버지께서 그것을 제거해 버리시고 무릇 열매를 맺는 가지는 더 열매를 맺게 하려 하여 그것을 깨끗하게 하시느니라"). 베드로전서 1:22은 "너희가 진리를 순종함으로 너희 영혼을 깨끗하게 하여 거짓이 없이 형제를 사랑하기에 이르렀으니 마음으로 뜨겁게 서로 사랑하라"라고 말씀한다. 이 구절은 오해의 여지가 없도록 "영혼을 깨끗하게 하여"라고 과거 시제로 말씀해 이 문제를 결정적으로 해결한다. 이 글을 쓸 무렵에는 그 경험이 이미 이루어졌고 성도들이 그 은혜를 이미 누리고 있었기 때문이다. 다윗은 시편 51:10에서 "내 속에 정한 마음을 창조하시고 내 안에 정직한 영을 새롭게 하소서"라고 부르짖었다. 이 시편 전체를 읽어 보면, 다윗은 그 기도가 '현재'(now) 이루어지게 해주시기를 간구했음을 확신하게 된다. 그것이 하나님께서 응답하시지 않아도 상관없는 한가한 기도였는가? 또 요한1서 3:3은 "주를 향하여 이 소망을 가진 자마다 그의 깨끗하심과 같이 자기를 깨끗하게 하느니라"라고 말씀한다. "여호와의 산에 오를 자가 누구며 그의 거룩한 곳에 설 자가 누구인가 곧 손이 깨끗하며 마음이 청결하며 뜻을 허탄한 데에 두지 아니하며 거짓 맹세하지 아니하는 자로다"(시 24:3-4). 이 구절을 "하나님을 가까이하라 그리하면 너희를 가까이하시리라 죄인들아 손을 깨끗이 하라 두 마음을 품은 자들아 마음을 성결하게 하라"라고 말씀한 야고보서 4:8과 연결해 보자. 만약 누군가 이 구절들은 우리가 점점 더 성장한 결과로 결국 정결하게 되어야 함을 의미한다고 말한다면, 그것은 불순한 마음에서 불순한 것을 재배하자는 것과 같은 어리석은 주장으로, 마치 정원에서 잡초를 키우자는 것이나 아이의 얼굴에 더러운 것을 더 많이 묻히자는 것과 다를 바 없다. 오히려 우리가 해야 할 것은 죄의 자백, 성별, 신앙이라는 조건을 만족시키는 것인데, 이러한 것들이 성령으로 하여금 불 세례를 통해 우리 마음을 정화하시게 하기 때문이다. 나아가 우리는 우리가 성장한 결과로 어떤 약속이 이루어지는 것은 불가능함을 상기해야 한다. 좀 더 깊이 생각해 보면 왜 그런지 알 수 있을 것이다. 우리는 믿음으로 약속을 우리의 것으로 받게 된다. 이처럼 바른 방법으로 약속을 받아들이면, 청결한 마음을 주신다는 약속이 즉시 우리에게 복되게 성취된다. 이는 우리가 하나님과 의식적이고 진실하며 지혜롭고 특별하게 관계를 맺는 것이다. 그것은 점진적 성장의 과정이 아닌 순간적이고 결정적인 변화의 경험이다. 마음을 정결하게 하시는 것은 하나님의 은혜의 역사이기 때문이다. "그가 우리를 대신하여 자신을 주심은 모든 불법에서 우리를 속량하시고 우리를 깨끗하게 하사 선한 일을 열심히 하는 자기 백성이 되게 하려 하심이라"(딛 2:14).

2. 하나님께서 사람들을 위해 이 세상에서 이루어지도록 계획하신 것이 내적 성결과 외적 의로움 모두임을 말씀하는 많은 성경구절이 있다. 성경은 영적인 온전함과 건강을 의미하므로, 마음의 청결함이라는 용어와 마찬가지로, 마땅히 아담의 타락한 본성이라는 질병에서 자유롭게 되는 것을 필요로 한다. 더러운 마음으로 성결을 말하는 것은 모순적이다. 성경 전체에서 약속된 구원에 대한 가장 확실하고 포괄적인 묘사는 누가복음 1:73-75에서 발견된다. "곧 우리 조상 아브라함에게 하신 맹세라 우리가 원수의 손에서 건지심을 받고 종신토록 주의 앞에서 성결과 의로 두려움이 없이 섬기게

하리라 하셨도다." 그 핵심은 성결이다. 사가랴는 성령에 충만해 오래 기다려 온 구원에 대한 전조를 보았다. "주께서 예로부터 거룩한 선지자의 입으로 말씀"(눅 1:70)하셨고, 수세기의 길고 괴로운 행로에서도 한 줄기 위로와 소망의 빛이 되어 온 오랫동안 이어진 예언이 드디어 성취를 눈앞에 두고 있었다. 조상들에게 주어진 자비의 약속이 이제 곧 이루어질 것이었다. 하나님의 거룩한 언약이 이제 다시 기억될 것이다. 아브라함으로 "하나님이 계획하시고 지으실 터가 있는 성을 바라게"(히 11:10) 한 약속, 곧 하나님께서 "우리 조상 아브라함에게 하신 맹세"(눅 1:73)는 곧 이루어질 것이다! 비록 "이 사람들은 다 믿음을 따라 죽었으며 약속을 받지 못하고" "땅에서는 외국인과 나그네임을 증언"했으나, 오랜 시간이 흐른 뒤 우리는 그들이 "멀리서만 보았던" 그 약속을 받게 되었다(히 11:13, 40). 이 거룩한 언약은 무엇에 대한 것인가? 창조주께서 주실 것이라 맹세하신 것은 무엇인가? 우리가 덜 중요한 것에 매여 갈보리의 보혈로 속량하신 가장 소중한 유산을 잃어버리지 않기 위해서는 다음을 주의 깊게 생각해 보아야 한다. 매우 넓은 의미의 구원에 포함되어 있는 첫 번째 요소는, "우리가 원수의 손에서 건지심을 받고 … 두려움이 없이 섬기는"(눅 1:74-75) 것이다. 그런데 "내 속에 거하는 죄"(롬 7:17, 20)보다 더 우리를 약화시키는 원수가 있겠는가? 또 두려움의 가장 큰 원인이 되는 이 원수에게서 구원받지 않고도 고통스러운 두려움에서 구원받을 수 있겠는가? 그러나 이제 이러한 구원의 결과로 우리는 "종신토록 주의 앞에서 성결과 의로 두려움이 없이 섬길" 수 있는 적극적인 특권을 갖게 되었다. 이것이 바로 그리스도의 속죄가 제공하는 가장 중요한 유익이자, 복음 시대의 핵심적 은혜다. 이는 우리가 "종신토록" 누리는 은혜다.

다음 성경구절들 역시 죄의 존재 자체에서의 현재적 구원을 말씀한다.

- "이것으로 말미암아 나도 하나님과 사람에 대하여 항상 양심에 거리낌이 없기를 힘쓰나이다"(행 24:16).

- "이제는 너희가 죄로부터 해방되고 하나님께 종이 되어 거룩함에 이르는 열매를 맺었으니 그 마지막은 영생이라"(롬 6:22).

- "그런즉 사랑하는 자들아 이 약속을 가진 우리는 하나님을 두려워하는 가운데서 거룩함을 온전히 이루어 육과 영의 온갖 더러운 것에서 자신을 깨끗하게 하자"(고후 7:1).

- "너희는 유혹의 욕심을 따라 썩어져 가는 구습을 따르는 옛 사람을 벗어 버리고 오직 너희의 심령이 새롭게 되어 하나님을 따라 의와 진리의 거룩함으로 지으심을 받은 새 사람을 입으라"(엡 4:22-24).

- "예수 그리스도로 말미암아 의의 열매가 가득하여 하나님의 영광과 찬송이 되기를 원하노라"(빌 1:11).

- "전에 악한 행실로 멀리 떠나 마음으로 원수가 되었던 너희를 이제는 그의 육체의 죽음으로 말미암아 화목하게 하사 너희를 거룩하고 흠 없고 책망할 것이 없는 자로 그 앞에 세우고자 하셨으니"(골 1:21-22).

- "너희 마음을 굳건하게 하시고 우리 주 예수께서 그의 모든 성도와 함께 강림하실 때에 하나님 우리 아버지 앞에서 거룩함에 흠이 없게 하시기를 원하노라"(살전 3:13).

- "오직 너희를 부르신 거룩한 이처럼 너희도 모든 행실에 거룩한 자가 되라 기록되었으되 내가 거룩하니 너희도 거룩할지어다 하셨느니라"(벧전 1:15-16).

3. 또 성경은 '완전'(perfection)이라는 용어를 매우 일반적으로 적용해 그리스도인의 삶에서 현재적으로 경험할 수 있는 것으로 말씀한다. 예수님께서 마태복음 5:48에서 하신 "그러므로 하늘에 계신 너희 아버지의 온전하심과 같이 너희도 온전하라"라는 명령의 문맥을 주의 깊게 연구해 보면, 우리는 그것이 그분이 말씀하시는 사랑 안에서의 완전임을 알게 된다. 즉, 성부 하나님께서 온전한 사랑이신 것처럼, 우리 역시 그러해야 한다는 것이다. 그러한 완전은 "하나님과 원수가 되어 하나님의 법에 굴복하지 아니할 뿐 아니라 할 수도 없는"(롬 8:7) 것이 마음속에 존재하는 한 전혀 불가능하다. 그러므로 완전 또는 완전한 사랑이라는 용어는 원죄에서 자유롭게 되는 경험을 가리킨다. 앞에서 언급한 바로 그 예수님의 명령은 이 경험이 가능함을 전제하고 심지어 단언한다. 주님께서 명령하실 때는 그것을 온전히 성취할 수 있도록 돕는 전적인 은혜가 반드시 동반되게 하시기 때문이다. 에베소서 1:4은 "우리로 사랑 안에서 그 앞에 거룩하고 흠이 없게" 하시는 것이 "창세 전에 그리스도 안에서 우리를 택하신" 그분의 온전한 계획이었다

고 말씀한다. 그리고 바울은 아직 영화를 경험하지 못했다는 의미에서 자신이 완전하지 못함을 인정하면서도(빌 3:12, "내가 이미 얻었다 함도 아니요 온전히 이루었다 함도 아니라"), 같은 문맥에서 즉시 이어 "그러므로 누구든지 우리 온전히 이룬 자들은 이렇게 생각할지니"(빌 3:15)라고 말함으로, 우리가 논의하고 있는 그리스도인의 완전을 경험했다는 사실을 분명히 고백하고 있다. 사도 요한 역시 그리스도인의 완전이 가능함을 명쾌하게 증거했다. "이로써 사랑이 우리에게 온전히 이루어진 것은 우리로 심판 날에 담대함을 가지게 하려 함이니 주께서 그러하심과 같이 우리도 이 세상에서 그러하니라 사랑 안에 두려움이 없고 온전한 사랑이 두려움을 내쫓나니 … 두려워하는 자는 사랑 안에서 온전히 이루지 못하였느니라"(요일 4:17-18). "주께서 그러하심과 같이 우리도 이 세상에서 그러하니라"라고 분명히 말씀하는데 이것이 이 세상에서 가능한 경험임을 누가 의심할 수 있겠는가? 하나님께서는 그분의 지혜로 특별히 의도적으로, 현재적 죄에서의 구원은 우리가 영원에 삼켜질 때까지 미루어져야 할 무엇이 아니라는 사실을 명기하게 하셨을 것이다.

이 사실에 대해 우리에게 도움을 주는 다른 성경구절들은 다음과 같다.

- "예수께서 이르시되 네 마음을 다하고 목숨을 다하고 뜻을 다하여 주 너의 하나님을 사랑하라 하셨으니 이것이 크고 첫째 되는 계명이요"(마 22:37-38).

- "우리가 약할 때에 너희가 강한 것을 기뻐하고 또 이것을 위하여 구하니 곧 너희가 온전하게 되는 것이라"(고후 13:9).

- "그의 영광의 풍성함을 따라 그의 성령으로 말미암아 너희 속사람을 능력으로 강건하게 하시오며 믿음으로 말미암아 그리스도께서 너희 마음에 계시게 하시옵고 너희가 사랑 가운데서 뿌리가 박히고 터가 굳어져서 능히 모든 성도와 함께 지식에 넘치는 그리스도의 사랑을 알고 그 너비와 길이와 높이와 깊이가 어떠함을 깨달아 하나님의 모든 충만하신 것으로 너희에게 충만하게 하시기를 구하노라 우리 가운데서 역사하시는 능력대로 우리가 구하거나 생각하는 모든 것에 더 넘치도록 능히 하실 이에게 교회 안에서와 그리스도 예수 안에서 영광이 대대로 영원무궁하기를 원하노라 아멘"(엡 3:16-21).

- "우리가 그를 전파하여 각 사람을 권하고 모든 지혜로 각 사람을 가르침은 각 사람을 그리스도 안에서 완전한 자로 세우려 함이니"(골 1:28).

- "그러므로 우리가 그리스도의 도의 초보를 버리고 죽은 행실을 회개함과 하나님께 대한 신앙과 세례들과 안수와 죽은 자의 부활과 영원한 심판에 관한 교훈의 터를 다시 닦지 말고 완전한 데로 나아갈지니라"(히 6:1-2).

- "간음한 여인들아 세상과 벗 된 것이 하나님과 원수 됨을 알지 못하느냐 그런즉 누구든지 세상과 벗이 되고자 하는 자는 스스로 하나님과 원수 되는 것이니라"(약 4:4).

- "이로써 그 보배롭고 지극히 큰 약속을 우리에게 주사 이 약속으로 말미암아 너희가 정욕 때문에 세상에서 썩어질 것을 피하여 신성한 성품에 참여하는 자가 되게 하려 하셨느니라"(벧후 1:4).

- "능히 너희를 보호하사 거침이 없게 하시고 너희로 그 영광 앞에 흠이 없이 기쁨으로 서게 하실 이"(유 24).

우리는 이 주제에 대해 말씀하는 성경구절을 얼마든지 더 계속 언급할 수 있다. 그러나 우리가 왜 더 나아가야 하는가? 성령 세례는 단지 우리에게 무엇인가를 주시는 것일 뿐 아니라, 실제적이고 온전하게 정결하게 하는 것이며(행 15:8-9, "또 마음을 아시는 하나님이 우리에게와 같이 그들에게도 성령을 주어 증언하시고 믿음으로 그들의 마음을 깨끗이 하사 그들이나 우리나 차별하지 아니하셨느니라"), 그것이 모든 신자를 위한 하나님의 계획임을 드러내기 위해서다(행 2:38-39, "베드로가 이르되 너희가 회개하여 각각 예수 그리스도의 이름으로 세례를 받고 죄 사함을 받으라 그리하면 성령의 선물을 받으리니 이 약속은 너희와 너희 자녀와 모든 먼 데 사람 곧 주 우리 하나님이 얼마든지 부르시는 자들에게 하신 것이라 하고"). 또 완전 성화가 완전, 완전한 사랑, 성결, 마음의 청결함, 성령 세례와 동일한 경험임을 입증하기 위해서다. 신자가 이 세상에 사는 동안 전적이고 실제적이며 개인적으로 성화되어야 하는 이유는 다음과 같다.

(1) 예수님께서 그것을 위해 기도하셨다.

"그들을 진리로 거룩하게 하옵소서 아버지의 말씀은 진리니이다" (요 17:17).

(2) 바울의 사역의 분명한 목적이었다.

"그 눈을 뜨게 하여 어둠에서 빛으로, 사탄의 권세에서 하나님께로 돌아오게 하고 죄 사함과 나를 믿어 거룩하게 된 무리 가운데서 기업을 얻게 하리라 하더이다"(행 26:18).

(3) 그리스도께서 자신을 선물로 교회에 주신 이유다.

"남편들아 아내 사랑하기를 그리스도께서 교회를 사랑하시고 그 교회를 위하여 자신을 주심같이 하라 이는 곧 물로 씻어 말씀으로 깨끗하게 하사 거룩하게 하시고 자기 앞에 영광스러운 교회로 세우사 티나 주름 잡힌 것이나 이런 것들이 없이 거룩하고 흠이 없게 하려 하심이라"(엡 5:25-27).

(4) 우리를 향한 하나님의 확고한 뜻이다.

"하나님의 뜻은 이것이니 너희의 거룩함이라"(살전 4:3).

(5) 바울이 기도한 내용이자, 하나님의 소명의 목적이다.

"평강의 하나님이 친히 너희를 온전히 거룩하게 하시고 또 너희의 온 영과 혼과 몸이 우리 주 예수 그리스도께서 강림하실 때에 흠 없게 보전되기를 원하노라"(살전 5:23).

(6) 하나님께서 우리를 구원하시는 방법이다.

"하나님이 처음부터 너희를 택하사 성령의 거룩하게 하심과 진리를 믿음으로 구원을 받게 하심이니"(살후 2:13).

"우리를 구원하시되 … 중생의 씻음과 성령의 새롭게 하심으로 하셨나니"(딛 3:5).

(7) 그리스도의 속죄의 위대한 목적이다.

- "이 뜻을 따라 예수 그리스도의 몸을 단번에 드리심으로 말미암아 우리가 거룩함을 얻었노라"(히 10:10).

- "그가 거룩하게 된 자들을 한 번의 제사로 영원히 온전하게 하셨느니라"(히 10:14).

- "그러므로 예수도 자기 피로써 백성을 거룩하게 하려고 성문 밖에서 고난을 받으셨느니라"(히 13:12).

또 우리는 다음의 성경구절 목록을 주의 깊게 살펴, 비록 지금까지 우리가 사용한 용어들은 전혀 사용하지 않지만, 타고난 죄로부터의 온전한 구원이 하나님의 구원 과정에서 반드시 있어야 함을 말씀함으로 우리가 논의하는 주제의 핵심을 찌르고 있음을 드러내고자 한다. 이 구절들은 타고난 죄를 (단수로서의) "죄", "죄의 몸"(롬 6:6), "육체"(flesh, 갈 5:19, 엡 2:3), "내 속에 거하는 죄"(롬 7:17, 20), "육과 영의 온갖 더러운 것"(고후 7:1), "정욕 때문에 세상에서 썩어질 것"(벧후 1:4) 등으로 말한다. 얼마나 선명하고 포괄적이며 매우 적절한 명칭인가! 다음의 성경구절들을 보라.

- "우리가 알거니와 우리의 옛 사람이 예수와 함께 십자가에 못 박힌 것은 죄의 몸이 죽어 다시는 우리가 죄에게 종노릇 하지 아니하려 함이니"(롬 6:6).

- "그러나 이제는 너희가 죄로부터 해방되고 하나님께 종이 되어 거룩함에 이르는 열매를 맺었으니 그 마지막은 영생이라"(롬 6:22).

- "우리가 육신에 있을 때에는 율법으로 말미암는 죄의 정욕이 우리 지체 중에 역사하여 우리로 사망을 위하여 열매를 맺게 하였더니 이제는 우리가 얽매였던 것에 대하여 죽었으므로 율법에서 벗어났으니 이러므로 우리가 영의 새로운 것으로 섬길 것이요 율법 조문의 묵은 것으로 아니할지니라"(롬 7:5-6).

- "만일 내가 원하지 아니하는 그것을 하면 이를 행하는 자는 내가 아니요 내 속에 거하는 죄니라 그러므로 내가 한 법을 깨달았노니 곧 선을 행하기 원하는 나에게 악이 함께 있는 것이로다 내 속사람으로는 하나님의 법을 즐거워하되 내 지체 속에서 한 다른 법이 내 마음의 법과 싸워 내 지체 속에 있는 죄의 법으로 나를 사로잡는 것을 보는도다 오호라 나는 곤고한 사람이로다 이 사망의 몸에서 누가 나를 건져내랴 우리 주 예수 그리스도로 말미암아 하나님께 감사하리로다 그런즉 내 자신이 마음으로는 하나님의 법을 육신으로는 죄의 법을 섬기노라"(롬 7:20-25).

- "그러므로 모든 더러운 것과 넘치는 악을 내버리고 너희 영혼을 능히 구원할 바 마음에 심어진 말씀을 온유함으로 받으라"(약 1:21).

- "이로써 그 보배롭고 지극히 큰 약속을 우리에게 주사 이 약속으로 말미암아 너희가 정욕 때문에 세상에서 썩어질 것을 피하여 신성한 성품에 참여하는 자가 되게 하려 하셨느니라"(벧후 1:4).

- "그가 빛 가운데 계신 것같이 우리도 빛 가운데 행하면 우리가 서로 사귐이 있고 그 아들 예수의 피가 우리를 모든 죄에서 깨끗하게 하실 것이요 … 만일 우리가 우리 죄를 자백하면 그는 미쁘시고 의로우사 우리 죄를 사하시며 우리를 모든 불의에서 깨끗하게 하실 것이요"(요일 1:7-9).

지금까지 우리는 충분할 만큼 설명했다. 증거는 충분하다. 유명한 성경 교사들이, 우리가 이 세상에서 죄책과 죄의 능력, 죄의 속박에서는 구원을 받지만, 죄의 존재(presence of sin)에서는 구원받지 못한다고 가르치는 것은 매우 중대한 잘못을 저지르는 것이다. 사실 우리는 실제 삶에 죄의 '존재'가 남아 있는 한, 내적인 죄에 대한 '속박' 역시 어느 정도 남아 있다는 통탄할 만한 사실을 깨달을 수밖에 없다. 그러나 우리는 하나님의 자비와 은혜, 그리스도의 피의 공로, 성령의 실질적인 능력, 말씀, 믿음으로 우리가 거듭난 후에도 마음에 남아 있던 사형 선고에서 영광스럽게 씻음 받을 수 있다는 사실을 알기에 기뻐한다. 이는 하나님의 모든 자녀가 받게 될 특권이다. 그리고 그리스도의 속죄를 통해 우리가 누리는 최고의 영광스러운 구원이다.

우리에게는 해야 할 말이 더 남아 있다. 원죄에서의 완전하고 현재적인 구원이 그리스도의 속죄를 통한 은혜라는 것이 성경의 증언임을 밝혔으므로, 우리는 이제 그것이 단지 특권만이 아니라 의무이기도 하다는 사실에 주목하고자 한다. 하나님의 거룩한 말씀에는 명시적으로든 암시적으로든 개인의 실제적 성결과 의로움이 천국에 들어가기 위한 본질적 자격임을 말씀하는 구절이 많이 있다. 하나님을 볼 수 있는 사람은 "마음이 청결한 자" 들뿐이다(마 5:8). 하나님의 은혜는 오직 의라는 통로를 통해 왕 노릇 하여 영생에 이르게 한다(롬 5:21, "이는 죄가 사망 안에서 왕 노릇 한 것같이 은혜도 또한 의로 말미암아 왕 노릇 하여 우리 주 예수 그리스도로 말미암아 영생에 이르게 하려 함이라"). "네가 살리라"라는 약속은 "영으로써 몸의 행실을 죽이는" 사람에게 이루어진다(롬 8:13, "너희가 육신대로 살면 반드시 죽을 것이로되 영으로써 몸의 행실을 죽이면 살리니"). 하나님께서 용납하시는 사람은 의로써 그리스도를 섬기는 사람들뿐이다[롬 14:17-18, "하나님의 나라는 먹는 것과 마시는 것이 아니요 오직 성령 안에 있는 의와 평강과 희락이라 이로써 그리스도를 섬기는 자는 하나님을 기쁘시게 하며 사람에게도 칭찬을 받느니라", 한글 개역개정 성경에서는 "하나님을 기쁘시게 하며"로 번역되어 있으나, ESV, KJV, NASB, NRSV 등 여러 영어성경에서는 "하나님께서 용납하시며"(acceptable to God)로 번역되어 있음-역주]. "불의한 자가 하나님의 나라를 유업으로 받지 못할 줄을 알지 못하느냐"(고전 6:9). "음행하는 자나 더러운 자나 탐하는 자 곧 우상숭배자는 다 그리스도와 하나님의 나라에서 기업을 얻지 못하리니"(엡 5:5). 더러움과 탐심은 영혼의 상태며, 육적인 본성 자체가 근절되기 전에는 완전히 근절될 수 없다는 점에서, 우리는 완전 성화의 은혜를 받아야 할 필요를 깨닫는다. 성경은 우리에게 "거룩함을 따르라"고 말씀하는데, 이는 거룩함이 없이는 "아무도 주를 보지 못하기" 때문이다(히 12:14, "모든 사람과 더불어 화평함과 거룩함을 따르라 이것이 없이는 아무도 주를 보지 못하리라").

사도 베드로는 "의인이 겨우 구원을 받으면 경건하지 아니한 자와 죄인은 어디에 서리요"(벧전 4:18)라는 타당한 질문을 던진다. 소위 말하는 많은 '죄 짓는 그리스도인들'이 스스로 숙고해 보도록 이 질문을 던지는 것은 적절할 것이다. 사도 베드로에 의하면, 천국에 "넉넉히 들어감"을 얻는 유일한 방법은 "정욕 때문에 세상에서 썩어질 것을 피하여 신성한 성품에 참여하는 자"가 되어, 그리스도인의 인격에 덕(탁월함), 지식, 절제, 인내, 경건, 형제 우애, 사랑을 더하고, 진지한 노력을 통해 우리의 "부르심과 택하심을 굳게" 해야 한다.

> "이로써 그 보배롭고 지극히 큰 약속을 우리에게 주사 이 약속으로 말미암아 너희가 정욕 때문에 세상에서 썩어질 것을 피하여 신성한 성품에 참여하는 자가 되게 하려 하셨느니라 그러므로 너희가 더욱 힘써 너희 믿음에 덕을, 덕에 지식을, 지식에 절제를, 절제에 인내를, 인내에 경건을, 경건에 형제 우애를, 형제 우애에 사랑을 더하라 이런 것이 너희에게 있어 흡족한즉 너희로 우리 주 예수 그리스도를 알기에 게으르지 않고 열매 없는 자가 되지 않게 하려니와 이런 것이 없는 자는 맹인이라 멀리 보지 못하고 그의 옛 죄가 깨끗하게 된 것을 잊었느니라 그러므로 형제들아 더욱 힘써 너희 부르심과 택하심을 굳게 하라 너희가 이것을 행한즉 언제든지 실족하지 아니하리라 이같이 하면 우리 주 곧 구주 예수 그리스도의 영원한 나라에 들어감을 넉넉히 너희에게 주시리라"(벧후 1:4-11).

칼빈주의자들은 우리의 노력이 "부르심과 택하심"과는 아무런 관계가 없다고 주장하지만, 베드로는 우리의 부르심과 택하심의 확실성은 우리가 "더욱 힘써 … 부르심과 택하심을 굳게" 하는 노력과 관계가 있다고 말한다! 또 그리스도의 재림을 언급할 때 역시 "주 앞에서 점도 없고 흠도 없이 평강 가운데서 나타나기를 힘쓰라"고 권면한다.

> "주의 날이 도둑같이 오리니 그날에는 하늘이 큰 소리로 떠나가고 물질이 뜨거운 불에 풀어지고 땅과 그중에 있는 모든 일이 드러나리로다 이 모든 것이 이렇게 풀어지리니 너희가 어떠한 사람이 되어야 마땅하냐 거룩한 행실과 경건함으로 하나님의 날이 임하기를 바라보고 간절히 사모하라 그날에 하늘이 불에 타서 풀어지고 물질이 뜨거운 불에 녹아지려니와 우리는 그의 약속대로 의가 있는 곳인 새 하늘과 새 땅을 바라보도다 그러므로 사랑하는 자들아 너희가 이것을 바라보나니 주 앞에서 점도 없고 흠도 없이 평강 가운데서 나타나기를 힘쓰라"(벧후 3:10-14).

죄와 잘못된 교리로 사람의 양심이 완전히 마비되지 않은 이상, 의로움 없이는 '평강'이 있을 수 없으며, 여기서 "주 앞에서 점도 없고 흠도 없이"라는 표현은 내면적 순결함과 사랑 또는 의도의 완전함을 가리킨다. 따라서 이 말씀을 통해, 만약 우리가 "점도 없고 흠도 없이 평강 가운데서 나타나지" 않는다면, 우리는 주님을 맞이할 준비를 갖추지 못한 절망적인 상태에 있는 것이라고 추론할 수 있다. 요한계시록 21:27은 "무엇이든지 속된 것이나 가증한 일 또는 거짓말하는 자는 결코 그리로 들어가지 못하되 오직 어린양의 생명책에 기록된 자들만 들어가리라"라고 말씀한다. 또 22:14-15은

"자기 두루마기를 빠는 자들은 복이 있으니 이는 그들이 생명나무에 나아가며 문들을 통하여 성에 들어갈 권세를 받으려 함이로다 개들과 점술가들과 음행하는 자들과 살인자들과 우상숭배자들과 및 거짓말을 좋아하며 지어내는 자는 다 성 밖에 있으리라"라고 말씀한다.

이 사망의 원리인 원죄가 그리스도인 속에 있는 한 영생의 원리는 그를 다스리지 못하고, 다스릴 수도 없다. 영생의 원리는 경쟁자를 이기지 못했기에 아직 확립되지 못했으며, 이로 인해 '결코 타협할 수 없는 전쟁이 그치지 않는다.' 그리고 우리는 회심과 죽음 사이의 어느 시점에 사망의 씨앗과 생명의 씨앗 중 어느 하나와는 반드시 결별해야 한다. 그 둘 모두를 마음에 가지고서는 천국에도, 지옥에도 갈 수 없기 때문이다. 또 우리는 감히 "맨 나중에 멸망받을 원수"(고전 15:26)인 사망을 구세주의 보좌보다 더 높은 위치에 두어 마음껏 권세를 휘두르게 할 수 없다. 죄의 근절을 위한 시간은 바로 지금이다. 우리가 알면서도 죄가 남아 있는 것을 허용한다면, 우리는 부득불 그것과 함께 지옥에 가게 될 것이다. 지옥이 바로 죄가 있어야 할 장소이기 때문이다. 그러나 우리가 천국에서 영원히 거하기를 원한다면, 우리는 구원의 첫 번째 단계만으로 만족하지 말고, "가장 영광스러운 구원의 은혜"를 받아야 한다. 우리는 우리에게 남아 있는 안식(히 4:9-10, "그런즉 안식할 때가 하나님의 백성에게 남아 있도다 그러므로 우리가 저 안식에 들어가기를 힘쓸지니")에 들어가기까지 멈추지 말아야 하고, 예수님을 "믿어 거룩하게 된 무리 가운데서 기업"을 얻어야 한다(행 26:18). 우리는 그것을 지금 얻을 수 있다!

"맑은 물을 너희에게 뿌려서 너희로 정결하게 하되 곧 너희 모든 더러운 것에서와 모든 우상숭배에서 너희를 정결하게 할 것이며 또 새 영을 너희 속에 두고 새 마음을 너희에게 주되 너희 육신에서 굳은 마음을 제거하고 부드러운 마음을 줄 것이며 또 내 영을 너희 속에 두어 너희로 내 율례를 행하게 하리니 너희가 내 규례를 지켜 행할지라 내가 너희 조상들에게 준 땅에서 너희가 거주하면서 내 백성이 되고 나는 너희 하나님이 되리라"(겔 36:25-28).

결론

"사람들은 일반적으로 자신의 신앙고백에 미치지 못하는 삶을 산다.
매우 소수만이 그 이상의 삶을 산다."

- 다니엘 스틸(Daniel Steele)

매우 깊은 신앙을 가진 것으로 보이는 소위 근본주의 그룹에 속하는 많은 사람이, 말로는 그리스도와 말씀을 매우 존중하는 듯하지만 실제로는 그리스도의 피가 모든 죄를 씻어 우리가 지금 이곳에서 죄에 대한 완전한 승리를 얻을 수 있다는 성경적 진리를 부인함으로 그리스도와 말씀의 권위를 손상시킨다. 그들은 라디오, 강단, 출판 매체를 통해 그 추종자들에게 하나님의 깊은 것까지 통달하게 해주겠다고 자주 약속하지만, 실제로는 평화와 안식, 죄에 대한 지속적인 승리, 충만한 기쁨, 하나님과의 중단되지 않는 교제를 열어 줄 영적 체험을 부인하기에 양들을 메마른 땅으로 인도한다. 그들은 성경 공부와 신앙적 활동을 중시하지만, 그리스도인들에게서 그들의 특권이자 그리스도의 죽음이 제공하는 은혜인 완전한 사랑이라는 가장 큰 만족을 주는 영적 체험을 앗아가고 있다. 또 그처럼 아름다운 영적 체험을 사모하는 것이 당연하고 자연스러워 보이지만 사실은 누구도 그런 체험을 할 수 없다고 말한다. 그들이 말로는 하나님과 가까이 동행하는 것이 성경적 신앙생활의 표준이라고 하면서도, 값없이 그처럼 가까운 동행을 누릴 수 있게 하는 영적 체험을 했다고 간증하는 사람들을 격렬히 반대하고 불신한다는 것이 이상하지 않은가?

그들은 죄에 승리하는 삶을 말하지만, 승리를 방해하는 죄 된 본성에서 자유롭게 되는 특권은 부인한다. 그들은 예수님의 보혈의 능력이 우리를 영원한 지옥에서 구해 낼 수는 있지만, 우리의 집을 지옥 같은 곳으로 만드는 육적 기질에서는 우리를 구할 능력이 없는 것처럼 흔히 말한다. 그들은 죄에서 정결하게 되는 것과 죄에 승리할 능력을 사모하라고 말하면서, 동시에 우리가 정말 그런 승리를 얻을 수 있는 것은 아니라고 확언한다. 그들은 의에 주리고 목말라 하라고 말하지만, 만약 누군가가 실제로 "배부르다"고 말하면 그것은 '광신주의'라고 소리친다. 이는 마치 우리가 일평생 영적으로 주리고 목말라 해야 하며, 우리가 죄가 많음을 반복해서 알려 주는 영적 지도자에게서 받는 것 외에는 어떤 위로도 받을 수 없다는 것과 같다.

그들은 죄는 용납할 수 없는 것이라고 하면서도, 동시에 어떤 그리스도인도 죄 짓지 않고 살 수 없음을 격렬하게 주장한다. 따라서 그들은 하나님을 용납해서는 안 될 것을 용납하시는 분으로 만들고, 그리스도인을 피할 수 있는 죄 속에서 의도적으로 장난치는 사람들로 만든다. 그들의 주장이 실제로 어떤 이중적 딜레마를 초래하는지 한번 살펴보자.

첫째, 그리스도인은 피할 수 있는 죄 속에서 장난치고 있지 않은가? 우리는 그리스도인이 죄를 피할 수 있다는 전제를 받아들여야 한다. 만약 무엇인가가 피할 수 없도록 필연적이라면, 그것은 용납 불가한 것이 될 수 없기 때문이다. (만약 죄가 피할 수 없는 것이라면, 어떤 행위를 하든 그것은 죄 된 행위가 될 수 없다. 그렇기에 우리는 7장에서 살펴본 죄 된 행위의 정의를 받아들이면서, 죄는 지식과 의지적 동의 없이는 행해질 수 없다는 데 동의한다. 어떤 행동을 피할 수 있다고 말하는 것은, 사람의 의지는 양단 간 선택할 자유가 있다고 말하는 것이다. 그것은 또한 행위자에게 지식이 있다는 사실도 의미한다. 알지 못하는 것을 어떻게 현명하게 피할 수 있겠는가?) 그렇다면 일반적인 신약의 그리스도인은 자신이 피할 수 있는 죄를 알고도 선택하는가? 피할 수 있는 것을 지속적으로 피하기로 선택하는 그리스도인이 아무도 없다고 말하는 것은 신중하지 못한 태도가 아닌가? 이러한 글을 읽은 칼빈주의자들 중에는 자신의 마음을 주의 깊게 성찰한 후 자신이 기쁘게도 죄의 모양조차도 지속적으로 피하기를 선택했다고 간증할 수 있는 사람이 아무도 없는가? 분명히 있을 것이다. 그렇다면 그 사람들만이라도 죄 짓지 않고 사는 그리스도인은 아무도 없다는 말을 더는 하지 않기를 바란다.

둘째, 만약 그리스도인이 피할 수 있는 죄 속에서 고의로 장난치고 있는데, 하나님께서 그를 죄의 일반적 결과인 즉각적인 영적 죽음에서 면제해 주신다면, 하나님께서는 용납해서는 안 될 것을 용납하고 계신 것이 아닌가? 분명한 것은, 우리는 하나님께서 용납해서는 안 될 것을 용납하시는 하나님답지 않은 행동을 하신다고 말하거나, '영원한 구원 보장' 교리를 포기하는 것 중에서 하나를 선택해야 한다는 것이다.

그러나 만약 칼빈주의자들이, 무지에 의한 실수마저 죄에 포함시킨 결과 사람이 실제로 죄를 완전히 피하는 것은 불가능함을 의미하는 칼빈주의식 죄의 정의를 고수한다면, 죄는 용납할 만한 것이 된다. 이 경우 하나님께서는, 부모가 아무런 힘이 없는 아기가 아프다고 아기에게 책임을 물을 수 없는 것과 마찬가지로, 사람이 피할 수 없어 저지른 일에 대해 사람에게 책임을 물으실 수 없다.

그러나 사람이 죄를 피할 수 없다고 말할 때 그 속에 내포된 의미처럼, 만약 하나님께서 사람이 죄를 짓는 것에 대해 사람에게 책임을 물을 수 없다면, 우리는 그것을 죄로 부를 권리가 전혀 없다. 도덕적 책임성이 없다면 죄가 있을 수 없기 때문이다. 죄는 도덕적 악을 의미하므로, 도덕적이지 않은 (즉, 책임성을 지니지 않은) 존재는 죄를 지을 수 없다. 짐승은 도덕적 의식을 지니지 않았기 때문에 죄를 지을 수 없다. 사람이 죄를 짓는다면 그것은 사람이 도덕적 존재이기 때문이다. 만약 도덕적 존재라면 도덕적 책임성을 지닌다. 도덕적 책임성을 지닌다면, 죄는 용납할 수 없는 것이고 또 피할 수 있는 것임을 의미한다. 만약 죄가 용납할 수 없는 것이라면, 하나님께서는 용납할 수 없는 죄를 용납하시거나, 그렇지 않으면 죄에 책임 있는 자에게 책임을 물으셔야 한다. 하나님은 이 둘 중 어떤 방식으로 행하시는가? '의의 전가' 교리를 통해 하나님께서 사람의 죄책을 그리스도께 지우셨다고 말하는 것은, 이 둘 중 첫 번째만을 옹호하는 것이다. 앞에서 이미 지적한 대로, 이 교리는 하나님께서 범죄한 그리스도인에게서 그가 지은 죄의 형벌을 면제해 주시는 것을 의미하기 때문이다. 우리는 하나님께서 범죄한 그리스도인을 용서하심을 거리낌없이 인정한다. 그러나 '의의 전가' 교리는 그것과 전혀 다르다. 참된 성경적 용서는 죄를 고백하고 버리는 것을 전제로 하지만, '의의 전가' 교리는 그리스도인이 죄를 지을 때마다 회개를 하든 하지 않든 의가 전가된다고 주장한다. 그렇다면 그것은 회개하는 그리스도인을 용서하는 것이 아니라, 단지 그가 저지르는 범죄에 눈감아 주는 것이 된다. 만약 칼빈주의자가 다른 대안을 선택해 하나님은 범죄한 그리스도인에게 책임을 물으신다고 주장한다면, 그는 반드시 칼빈주의의 '영원한 구원 보장' 교리를 포기할 수밖에 없다. 어떤 사람이 죄의 마땅한 결과인 영적 죽음을 겪지 않는데도 참으로 자신의 죄에 대해 책임이 있다고 말한다면 그것은 매우 어리석은 것이다. 이제 범죄한 그리스도인을 계속 살게 하면서 '영원한 구원 보장' 교리를 주장하는 칼빈주의자로 남아 있을 수 있는 유일한 방법은, 속죄가 죄의 성격을 완전히 바꾸어 놓았기에 죄의 마땅한 결과가 더는 죽음이 아니라고 말하는 것뿐이다. 그러나 칼빈주의자들이 그 정도까지 솔직할 수는 없을 것이다. 그러면 칼빈주의에 반대하는 이 책의 근본적인 전제를 인정하는 것이 되기 때문이다. 이처럼 우리는 칼빈주의자들이 어떤 때는 죄를 용납할 수 없는 것이라 하고, 또 어떤 때는 죄 짓지 않고 사는 그리스도인은 아무도 없다고 주장할 때 어떤 방식으로 혼란스럽고 상충하는 모순에 얽매이는지 알게 되었다.

우리가 그 논리를 따라가 보면, 결국 칼빈주의자들이 겪는 많은 어려움은 단순히 잘못된 죄 이해에서 비롯됨을 알게 된다. 칼빈주의자들은 스스로 깨닫든 그렇지 못하든, 그리스도의 속죄가 죄의 성질을 바꾸는 효력을 지녔다고 하는, 공개적으로는 주장할 수 없는 가정에 어쩔 수 없이 연루되어 있다. 그들은 혹 그런 내용이 공개적으로 언급되면 그것에 반대할 가능성이 높다. 그들의 영적 감수성에 비추어 볼 때 이는 매우 혐오스러운 주장이기 때문이다. 그러나 우리가 이 장과 2장, 3장에서 밝힌 대로, 이것이 칼빈주의 신학의 궁극적인 결론이다. 칼빈주의자들은 자범죄든 타고난 죄든, 아니면 둘 다든 어느 정도의 죄가 일평생 그리스도인에게 반드시 계속될 수밖에 없지만, 그런 죄가 하나님의 자녀 됨을 방해하거나 영생을 무효로 하지 못한다고 믿는다. 또 우리가 회심 이후에 행하는 어떤 것도 영생을 박탈당하게 하지 못한다는 의미에서 오직 하나님만이 사람의 영원한 구원을 결정하는 일에 책임이 있으시다고 믿는다. 그리고 이러한 죄 이해를 바탕으로 성경의 근본적 진리를 위태롭게 하는 위험한 교리를 가르친다.

이러한 신학이 그것을 믿는 사람들의 정신적 태도에 끼치는 영향은 무엇인가? 우리는 그 열매로 나무를 알 수 있듯, 칼빈주의의 열매를 살펴보면서 그것이 얼마나 큰 폐단을 지녔는지 깨닫는다. 다니엘 스틸은, 칼빈주의 신학 체계를 가르치는 많은 사람이 자신들이 선포하는 교리와 달리 그리스도의 순수한 윤리적 가르침에 따라 살아갈 수 있음을 인정하면서도, 다음과 같은 예리한 질문을 던진다. "그러나 사람의 행동과 인격 모두와 매우 밀접한 관련이 있는 이론적 오류를 전적으로 신뢰하는 사람이 어떤 바른 열매를 맺겠는가?" 우리는 칼빈주의가 지닌 다음과 같은 분명한 경향에 주목함으로 그 열매를 추측할 뿐이다.

1. 칼빈주의는 신앙은 강조하면서 회개의 필요성은 매우 경시하는 경향을 지닌다.

2. 칼빈주의는 하나님 보시기에 죄가 얼마나 끔찍한 것인지에 대한 날카로운 감각을 잃게 만든다. 다니엘 스틸의 말을 다시 인용해 보자. "그리스도인 교사가 죄에 관대해지라고 유창하게 말하고, 내재하는 죄에 대해 오류가 있는 독창적인 성경 해석을 내세우는 것은 매우 나쁜 징조다. 신자가 몸에 거하는 한, 그런 설교는 죄에 대해 말할 수 없는 혐오감을 불러일으키기보다 죄의 무서운 성격에 대한 감각을 무디게 하고, 사람들을 '마치 자기 얼굴에 있는 주근깨에 대해 말하는 것처럼 그들 마음의 더러운 것을 대수롭지 않은 듯 자연스럽게 말하게' 만들 것이다."

3. 칼빈주의는 그 추종자들이 삶에서 어느 정도의 죄를 허용하게 만드는 경향이 있다. 한 진지한 칼빈주의자는 자신이 주님을 어떻게 섬겨 왔는지 내게 말한 후, 담배를 꺼내면서 "내 유일한 죄가 이것입니다"라고 설명한 적이 있다.

4. 칼빈주의는 필시 타락한 사람들을 안심시켜 잘못된 구원 보장 교리 속에서 잠들게 만드는 경향이 있다. 어떤 사람은 자신이 타락한 사실이 명확해진 후에 칼빈주의 교리를 주장해 이런 식의 조장이 정말로 존재한다는 것을 실제로 보여 주었다.

5. 칼빈주의는 모든 죄에서 온전히 씻음 받는 성결의 교리에 본성적으로 반대하게 만드는 경향이 있다. 만약 자범죄가 천국을 잃어버리게 하지 않는다면, 타고난 죄에서 정결하게 되어야 할 필요가 있겠는가? 나아가 자범죄의 끔찍함을 알지 못하는 사람은 정결한 마음을 깊이 갈망하지도 않는 경향이 있다.

확실히 칼빈주의적 사고는 그리스도인이 승리하는 삶을 살아갈 가능성을 강화하기보다 약화하는 경향이 있다. 칼빈주의자들은 그리스도인들이, 죄로 기우는 내면의 성향이 죽을 때까지 남아 있기 때문에, 죄에서의 완전한 구원에 대한 모든 소원과 노력이 광신적이거나 근거 없는 것이라고 느끼게 만든다. 이처럼 칼빈주의 교리는, 비록 신자가 내면적 죄의 성향에 굴복하더라도 결코 영원히 멸망하지는 않는다고 가르쳐, 신자의 죄 된 성향을 가장 강력하게 자극한다. 우리는 특별한 고난과 유혹을 받을 때 사탄이 침체된 그리스도인에게 이처럼 거짓된 위로를 주는 믿음을 매우 정성 들여 주입한다는 사실을 확실히 알아야 한다. 사탄은 교묘하기 짝이 없어서 그런 기회를 충분히 활용해 그런 교리로 사람들을 강력하게 유혹한다고 생각하는 것이 합리적이지 않겠는가?

마음을 완전하게 씻는 은혜의 두 번째 사역을 믿기로 결정한 그 소녀는 매우 지혜로웠다. 그녀가 말했듯, 그 믿음이 거룩한 삶을 간절히 바라도록 큰 격려가 되어 주었기 때문이다. 거룩한 마음을 약속하는 교리와, 악한 마음에 대해 입을 다물게 만드는 교리 중 어떤 것이 우리에게 더 많은 것을 제공하는가? 어떤 교리가 우리의 구원자께 더 큰 영광을 돌려드리는가?

칼빈주의자들의 피할 수 없는 운명은, 우리가 올바른 신학 체계를 갖기 위해서는 반드시 죄에 대한 올바른 이해를 가져야 한다는 원리의 실제적 사례가 되어 준다는 것이다. 만약 우리가 각 신자들을 기독교 신앙의 유치원으로 다시 데려가 죄에 대한 가장 기본적인 것들을 가르쳐 줄 수 있다면, 만약 우리가 그들에게 죄는 이중적 본성을 지니고 있어 이중적 치료약이 필요함을 깨닫게 할 수 있다면, 만약 그들에게 죄는 구원받지 않은 사람의 삶에서든 구원받은 사람의 삶에서든 언제나 치명적이고, 그리스도인의 삶과 양립할 수 없으며, 언제나 하나님께로부터의 분리를 가져오기에, 그것을 용납하거나 마음대로 활동하도록 내버려 두어서는 안 된다는 사실을 가르칠 수 있다면, 만약 그들에게 계속 억누르고 개혁하거나 거듭나는 것만으로는 타고난 죄의 문제를 해결할 수 없음을 깨닫게 할 수 있다면, 만약 이 모든 진리로 그들을 철저히 깨우치게 할 수 있다면, 그들은 성결의 교리에 더는 반대하지 않게 될 것이다.

힐스(A. M. Hills) 박사의 다음의 말은 얼마나 진실하며 시의적절한가! "회개의 필연성이 우리를 온전한 구원으로 이끄는 근본적이고 핵심적인 교리라는 것은 대(大)진리다. 그리스도인의 사역에서 성결에 대한 질문보다 더 답하기 힘든 것은 없다. 우리 시대의 가장 큰 전쟁은 죄에 대한 질문에서 벌어진다. 성령께서 죄를 깨닫게 하시고, 철저히 깊고 참되게 회개하게 하시면, 사람은 죄를 매우 혐오하게 되어 죄에서의 영원한 구원을 갈망하게 된다. 그는 성결과 싸우거나 거부하려 하지 않고 다윗처럼 '하나님이여 내 속에 정한 마음을 창조하소서'(시 51:10)라고 부르짖게 된다." 이것이 교회의 많은 구성원이 성결에 관한 질문에 무관심하거나 성결을 몹시 반대하는 이유다. 그리고 그리스도인의 삶을 훌륭하게 시작한 것으로 보이는 많은 사람이 곧 도중에 실패하게 되는 이유다. 즉, 그들은 참되게 회개한 적이 없다.

우리는 지금까지 사람이 성경적 죄 이해를 갖지 못하면 참된 회개와 이후의 성결에 대한 추구로 나아갈 수 없음을 알기에, 성경적 죄의 개념을 설명하고자 노력했다. 성경적 죄 이해와 잘못된 견해를 대조하면서 우리는 하나님께서 죄를 다루시는 방법과 죄에서 인간을 구원하시는 방법을 보여주고자 노력했다. 요약하면, 하나님의 주권적 은혜, 선택, 예정된 자의 견인, 의의 전가라는 칼빈주의 신학 체계는, 죄에서의 완전한 구원이 천국에 가기 위한 조건으로서 불필요함을 의미한다. 그 주장들 속에는 칼빈주의 신학 체계 전체가 매우 간결하게 압축되어 있다. 그러나 우리는 성경적 입장은 칼빈주의 체계와 정반대로, 죄 된 행위와 죄성 모두에서의 온전한 구원이 속죄의 가장 중요한 목적이며, 거룩함이 없이는 누구도 주님을 볼 수 없다는 것임을 주장한다.

그리스도의 보혈의 능력은 신앙을 통해 우리를 죄 많은 상태 그대로 하늘로 데려가는 것이 아니라, 우리의 죄 많은 본성을 거룩하게 변화시켜 천국을 준비하게 한다.

그리스도의 속죄는 죄의 성격이 아닌, 인간의 본성을 바꾸기 위해 역사한다. 그것은 죄에서 치명성을 제거하는 것이 아니라, 사람에게서 죄를 제거한다. 따라서 우리는 다음 세 가지 사실이 하나님의 구원 계획에 본질적이라고 믿는다.

1. 첫째, 구원의 신앙으로 인도하는 회개는 구원의 조건이며, 구원을 얻기 위해서는 모든 죄를 그치고 혐오하는 참된 회개의 자세를 가져야 한다.

2. 둘째, 만약 언제라도 다시 죄 된 행위를 저지르거나, 은혜의 방편을 부주의하게 지속적으로 무시하거나, 자기 자신의 구원자로서 그리스도를 믿는 신앙이 지속되지 않으면, 하지 말아야 할 것을 하는 죄(commission)든 해

야 할 것을 하지 않는 죄(omission)든 그런 죄는 다시 영혼을 하나님에게서 분리하며, 그럼에도 회개하지 않는다면 궁극적으로 과거에 받았던 모든 혜택을 상실하고 영혼의 영원한 멸망을 초래할 것이다.

 3. 셋째, 회개와 믿음을 통한 모든 죄의 용서, 외적인 죄에 대한 승리, 이 세상에서 모든 죄 된 본성에서 정결하게 되는 것은 그리스도의 속죄로 가능하게 된 세 가지 특권이자, 천국에 들어가기 위한 절대적 조건이 된다.

 우리는 이것이 성경이 가르치는 참되고 근본적인 진리임을 믿는다.

 성경의 내용을 바르게 분석하기 위한 책을 저술한 한 목사는 "구약시대에 중요했던 것이 죄 문제였다면, 신약시대에 중요한 것은 은혜다"라고 말했다. 우리가 은혜 시대에 살고 있다는 말은 사실이다. 그러나 우리는 죄를 과거의 문제에 불과한 것으로 치부하지 않는다. 구약과 신약은 모두 죄의 문제를 중심 주제로 다룬다. 사실 구원의 위대한 계획 전체는, 하나님께서 에덴동산에서 첫 언약을 세우셨던 때부터 십자가를 지나고 천년왕국을 거쳐 마지막 심판의 날에 이르기까지의 모든 것이 죄의 문제를 그 중심에 둔다. 죄가 더는 하나님과 사람의 주된 관심사가 되지 않을 때는, 오직 마귀가 불과 유황 못에 던져지고, 주님께서 구원하신 이들이 모두 새 예루살렘에서 안식하게 될 때다.

죄의 올바른 이해: 올바른 신앙과 삶의 비결

Copyright ⓒ 웨슬리 르네상스 2022

초판1쇄 2022년 7월 1일

지은이 　리처드 S. 테일러
옮긴이 　장기영
펴낸이 　장기영
편　집 　장기영
표　지 　장성결
교정·윤문 이주련
인쇄 　(주) 예원프린팅

펴낸곳 　웨슬리 르네상스
출판등록 2017년 7월 7일 제2017-000058호
주　소 　경기도 부천시 호현로 467번길 33-5, 1층 (소사본동)
전　화 　010-3273-1907
이메일 　samhyung@gmail.com

ISBN 979-11-966084-4-6 (03230)
값 16,000원

이 책은 저작권법에 따라 보호받는 저작물이므로 무단 전재와 복제를 금지하며
책 내용의 일부를 이용하려면 저작권자의 동의를 받아야 합니다.